팔자를 알아야 팔자를 고친다

너 아직도 점집 가니? 내 사주는 내가 본다!

사주팔자를 이해하는 15가지 방법

팔자를 알아야 팔자를 고친다

DJ 래피 지음

윌링북스

들어가면서

요즘 사주를 봐달라는 지인들이 많습니다. 시간이 되는 한 가급적 도움을 드리고 있습니다. 제 조언을 듣고 용기를 내거나 본인의 적성과 기질, 패턴을 파악하여 잘 대비해나간다면 그 또한 제 삶의 철학인 '활인(活人)'의 실천이니까요.

다만 저는 그 사람이 어떠한 카드 8장을 부여받았는지를 설명해주고 타고난 그 사주팔자로 인한 성격, 기질, 장단점, 적성, 건강과 체질을 설명해줄 뿐, 그 사람의 미래를 예측하는 짓은 하지 않습니다. 사람의 미래는 예측해서도 안 되고 예측할 수도 없습니다. 사람의 미래가 정해져 있다고 주장하는 사람, 운명은 절대 바꿀 수 없다고 주장하는 사람들조차 길을 건너기 전에는 반드시 좌우를 살핍니다. 기질은 타고나지만 운명은 정해진 게 아닙니다.

간혹 아무런 준비나 변화의 노력 없이 "앞으로 언제 잘 풀릴까요?"를 묻기만 하는 분들이 있습니다. 그런 분들을 보면 한비자의 〈오두편〉에 나오는 수주대토(守株待兔: 그루터기를 지켜 토끼를 기다린다)가 생각납니다. 노력은 하지 않으면서 매일같이 그루터기 옆에 가만히 앉아

토끼가 그루터기에 부딪쳐 죽기만을 기다리는 사람과 다를 바 없습니다.

내 몸과 마음, 만나는 사람, 가는 곳, 말버릇, 식습관, 삶의 패턴이 그대로인데 어떻게 운명이 바뀌겠습니까? 내가 바뀌어야 운명이 바뀌고 세상도 바뀝니다. 운명의 운(運)은 운전한다는 뜻입니다. 가만히 앉아서 요행을 바라는 건 운전이 아닙니다. 그건 운명의 방향을 바꾸는 방법이 아닙니다. 나를 바꾸지 않는 사람은 사주를 백 번, 천 번을 봐도 타고난 명대로 살아갈 확률이 높습니다.

사주를 100% 맹신해서 삶이 정해져 있다고 판단해버리면, "내가 무얼 해도 소용없구나"라고 생각하게 되어 아무 노력을 하지 않게 됩니다. 그렇기 때문에 사주를 맹신하지는 말되 근거가 충분히 있다는 것은 인지해야 합니다. 사주는 그 사람의 본질을 파악하는 데 굉장히 중요한 자료가 됩니다. 하지만 그 틀 안에서 노력이 더해져 인생을 완성하는 것이기 때문에 팔자를 참고하여 내 운(運: 운전)명이 이렇구나 인지하고 노력을 부단히 하는 게 현명한 겁니다. 사주팔자는 사기가 아닙니다. 부적을 쓰고 굿을 하라고 하는 게 사기지요.

인생은 100% 노력도 아니고 100% 정해진 것도 아닙니다. 사주팔자에 근거하여 내 운명의 틀을 파악한 뒤 거기서 최대치로 끌어올리려고 노력하면 되는 겁니다. "운명은 개척하는 것이다"라는 말 많이들 하지요? 틀림없습니다. 맞는 말입니다. 그런데 몇 가지 빠진 내용이 있습니다. 일단, 단어 정리부터 시작해볼까요?

운명, 운명 말들 많이 하는데, 과연 사람들은 운명의 뜻을 알고 있을까요? 운명(運命)이라는 것은 '명을 운용한다', '명을 운전한다'는 뜻입니다. 그럼 명은 무엇이냐? 목숨 명(命)이지요. 결국 운명은 사람의 목숨을 운전한다는 뜻입니다.

여기서 운전의 주체는 누구일까요? 그렇습니다. 자기 자신이죠. 흥미롭게도 목숨 명(命)은 '입 구(口)'와 '하여금 령(令)'이 합쳐진 말입니다. 내가 평소 늘 입에 달고 사는 말이, 내가 평소 늘 귀로 듣는 말이, 내가 평소 먹는 음식이 곧 내 목숨을 좌지우지할 수 있다는 것입니다.

자, 이제 개척은 무슨 말인지 보도록 합시다. 개(開)는 '문을 연다'는 뜻입니다. 척(拓)은 '넓힌다'는 것이죠. 그러므로 개척은 '문을 열고 넓혀나간다'는 것입니다. 여기까지는 아주 좋습니다. 너무 좋은 말이고요. 그런데 대다수의 사람들이 실제로 문을 열고 넓혀나가지 못하는 이유가 대체 무엇일까요?

그 이유는 자기가 타고난 명을 모르고 살기 때문입니다. 모르고 살다 보니 무엇을 바꿔야 할지, 무엇을 강점으로 밀어붙여야 할지 아무 생각이 없는 거죠. 개척, 즉 문을 열고 넓혀나가야 하는데, 그 문이 어디에 있는지 또는 어떻게 생겨 먹었는지를 모르기에 열고 나갈 수가 없는 것입니다.

'사주팔자'라는 말 앞에는 편견과 선입견의 벽이 항상 존재합니다. 대다수가 무당집을 떠올리고, 돈을 주고 부적을 써야 하며, 큰돈 들여 굿을 해야 한다는 생각과 연결하지요. 하지만 사주팔자는 그런 것이 아닙니다. 사주팔자는 한의학의 원리와 똑같습니다. 한의학의 기본 원리는 음과 양, 그리고 목화토금수의 오행을 기반으로 한 상생, 상극의 관계론입니다. 마찬가지로 사주팔자 역시 음양오행의 맥락으로 타고난 성향과 기질을 분석하는 것입니다.

제대로 된 명리학자들은 "운명은 개척하는 것이다"라는 것을 부정하지 않습니다. 오히려 그것을 대전제로 두고 시작하지요. 의뢰인이 타고난 명이 어떠한 모양새인지, 어떠한 성향과 기질을 가졌는지, 이대로 계속 살아가면 어떠한 위험이 초래될 가능성이 있는지를 알려주고 어떻게 대처해나가야 할 것인가를 같이 고민하는 것이 바로 제가 늘 강조하는 활인 명리학입니다. 말하자면 인생의 내비게이션인 셈이지요. 들뢰즈도 얘기했잖습니까. "'나처럼 해봐'라고 말하는 사람 곁에서는 아무것도 배울 게 없다. 오로지 '나와 함께 해보자'라고 말하는 사람들만이 스승이 될 수 있다"라고요. 명리학은 함께 고민하는 것입니다.

제가 하고자 하는 활인 명리학의 본질은 "운명은 개척하는 것이다"입니다. 다만 그러려면 자기의 타고난 명을 알아야 합니다. 알아야 바꾸고, 지지든 볶든 할 것 아니겠습니까? 그래서 우리 모두가 자기 사주를 직접, DIY 셀프 진단하는 '호모 팔자스'가 될 수 있도록 돕고자 이 책을 쓰게 되었습니다.

저는 사주를 보라고 누구에게도 강요하지 않습니다. 다만 제 활인 명리학이 필요한 사람이 있다면 얼마든지 돕겠다는 것입니다. 나처럼 하라고 강요하는 게 아니라 함께 고민하고 개척하자는 것입니다. 제가 활인 명리학에 강한 확신이 있는 이유는, 나 자신의 운명, 즉 명을 운전하는 것이 가능하다는 것을 직접 체험했기 때문입니다. 타고난 명의 물줄기를 개척, 즉 열어서 넓혀 원하는 방향으로 휘어지도록 할 수 있다는 것을 몸소 경험했고 지금도 경험하면서 살고 있기에 좋은 건 함께 나누자는 의도입니다. 부디 이 책이 여러분 곁에서 늘 함께 하며 삶의 내비게이션이 되었으면 좋겠습니다.

★　★　★

"내가 너에게 소중한 비밀을 하나 가르쳐줄게.
지금의 너를 탄생시킨 것은 바로 너의 지난 모든 과거란다."

- 《사막의 도시》앙투안 드 생텍쥐페리

이 책의 사용 설명서

이 책은 어려운 한자 공부 또는 명리학자 수준의 디테일한 학문적 방향을 추구하는 책이 아닙니다. 거두절미하고 더도 말고 덜도 말고 15개의 공식대로만 따라가면 누구라도 스스로 사주팔자 해석을 할 수 있게 만들었습니다. 남에게 의지하지 않고 스스로 사주팔자를 해석한다는 것, 얼마나 매력적인 일인가요?

노자는 자지자명(自知者明), 즉 '자신을 아는 자가 밝다'라고 했고, 소크라테스는 델포이의 아폴로 신전 기둥에 적힌 '너 자신을 알라'는 문구를 평생 입에 달고 살았습니다. 동서양을 막론하고 '나 자신을 안다'는 키워드는 이토록 중요합니다. 이제 우리에게 주어진 타고난 팔자(八字)가 어떤 모양인지, 어떤 특성을 갖고 있는지 알아볼 시간입니다.

사람이 태어난 생년, 생월, 생일, 생시를 나타내는 4개 기둥인 사주(四柱)를 간지(干支: 육십갑자)로 표현한 8개 글자가 바로 팔자(八字)입니다. 이 4개의 기둥 중에서 출생일의 간지를 일주(日柱)라고 부르는데, 이 일주에 해당하는 2개의 글자가 그 사주 주인공의 보편적 기질을 나타내주며, 그중 2층에 자리한 일간(이것을 저는 미니미라고 부릅니다) 과 나머지 7개 글자와의 상생, 상극 관계론을 따져보면 그 사람의 기질, 성품, 성격, 어울리는 직업, 스타일, 건강과 질병, 길흉의 이정표 등을 알 수 있습니다. 이 핵심 원리만 이해하시고 나머지는 천천히 공식대로 따라오시면 됩니다.

우선, 사주팔자의 기본 원리를
주욱 살펴봅니다.

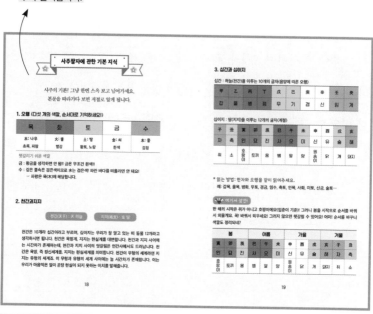

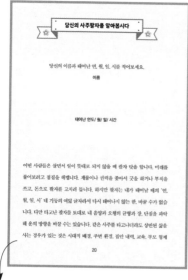

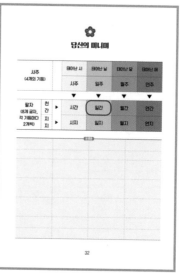

여러분의 이름과 태어난 연, 월, 일, 시를 적어둡니다(사주의 기본이지요!). 모든 설명은 래피의 사주를 예시로 들어 설명합니다. 그리고 설명에 따라 곧바로 여러분의 사주도 풀어볼 수 있도록 공간을 마련해놓았습니다. 설명을 천천히 따라오시면서 해당 공간에 여러분의 사주도 풀어보시면 되겠습니다.

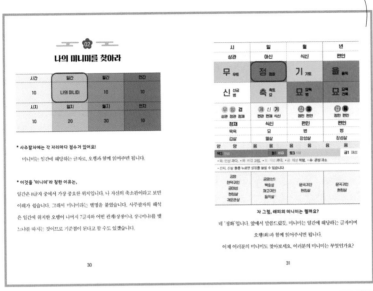

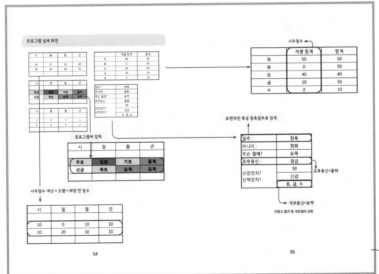

기초 단계, 즉 기본적 사주풀이가 끝나면, 여러분이 설명에 맞게 잘 따라오셨는지 확인해볼 수 있는
프로그램이 제공됩니다. 해당 사이트에 접속하셔서 여러분의 사주풀이 정답을 한눈에 확인해보세요!

본의의 사주팔자와 그 풀이가 정확한지 확인하셨다면,
이제 그 결과를 일상생활에 적용해볼 차례입니다.

올해 나의 운의 흐름은 어떨까?
조후용신과 억부용신을 통한 운의 흐름 판단

래피의 사주를 바탕으로 설명하자면, 2021년은 신축년이지요? 신축년은 신금, 축토로 이뤄진 조합입니다. 금, 토, 오행으로 이뤄진 해이지요. 앞에서 보셨듯이 래피의 억부용신은 '토, 금, 수'였지요. 그중에서도 래피는 금 오행이 가장 필요합니다. 왜냐하면 목 오행의 과다로 인해 '목생화'의 원리로 설측일주의 일간이 신강해진 사주거든요. 쉽게 설명해 목 오행 때문에 (목생화로 인해) 일간, 즉 미나마가 강해져버렸다는 겁니다. 그러니까 사주를 강하게 만든 원흉인 목 오행을 좀 괴롭혀서 힘을 빼야겠지요? 그러려면 금 오행으로 '금극목'을 하면 되니까 1순위로 필요한 용신, 즉 보약은 '금' 오행입니다.

그러면 래피의 억부용신 중에서 남은 토, 수 오행 중에서 2순위 용신(이것을 희신이라고 부릅니다)을 찾아볼까요? 1용신을 생해주는 걸 찾으면 되는데, 래피의 경우에는 1용신인 금을 생해주는 게 '토생금', 즉 '토' 오행이지요? 그러므로 희신은 토 오행이 됩니다. 어떤가요? 신축년은 금 오행과 토 오행

으로 이뤄진 해인데, 래피에게 금 오행과 토 오행이 둘 다 이로운 오행, 즉 보약이네요? 이럴 경우 저는 고속도로라고 비유합니다. 그런데 아무리 고속도로 운이라고 해도 내가 과속운전을 하거나 음주운전을 하면 더 큰 사고가 날 수 있음을 꼭 유념해야 합니다. 운명의 '운'이 '운전하다'라는 뜻인 거 아시지요?

반대에 금 오행과 토 오행이 용신, 즉 보약이 아니라 기신, 기피해야 할 독약으로 작용하는 분이라면 어떻게 해석해야 할까요? 마찬가지로 도로에 비유하자면 자갈밭이나 비포장도로의 시절 운이라고 보시면 됩니다. 그런데 자갈밭이나 비포장도로의 운이라고 울고불고 할 필요가 없습니다. 그런 도로도 운전만 조심하면 잘 갈 수 있습니다. 안전운전만 하면 얼마든지 무게처에 살 도착할 수 있고, 시절 운은 이런 식으로 해석해야 합니다. 영원히 자갈밭만 이어지는 운은 없습니다. 영원한 고속도로인 운도 없지요. 이 세상은 반드시 음과 양이 교차하기 때문에 비포장도로의 운을 묵사히 잘 지나고 나면 반드시 고속도로 운이 찾아옵니다.

56

57

올해 당신의 운의 흐름은 어떨까?

다음의 순서대로 풀어보세요.

1) 신축년은 신금, 축토로 이뤄진 조합(금, 토 오행)

2) 당신의 억부용신은?

3) 당신의 2순위 용신(희신)은?

4) 올해(신축년)의 오행과 비교해볼 때, 올해 당신의 운의 흐름은 고속도로일까, 비포장도로일까?

생활 속에서 자신의 운을 개선하는 방법

* 용신(보약)에 따른 옷이나 인테리어 또는 사물을 활용한 개운법을 알아봅시다.

목 오행이 용신이면 푸른색이나 녹색 옷.
화 오행이 용신이면 빨간색 옷.
토 오행이 용신이면 노란색이나 황금색 또는 황토색 옷을 입는 게 좋습니다.
금 오행이 용신인 사람은 흰색 옷을 입고,
수 오행이 용신인 사람은 약간 검은색 옷을 입는 게 좋습니다.

상황이 여의치 않으면 남자는 넥타이, 여자는 스카프 같은 액세서리로 색을 맞춰도 됩니다(인테리어, 구두, 장신구, 촛불 등도 해당).

58

59

올해 운의 흐름과 생활 속 개운법, 평소 조심해야 할 건강상의 문제 등을 확인해보실 수 있습니다.

다음으로 자신에 대해 좀 더 디테일하게 알아봅시다. 여기에서는 자신의 기질과 적성, 사주 전체와 시절 운에서 신살의 특징을 살펴볼 수 있습니다. 본인의 만세력에 등장하는 십신(10가지 달란트)과 신살 등을 확인해보시고, 자신에게 해당하는 부분을 찾아 읽어보세요.

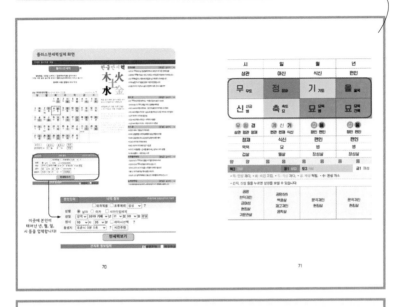

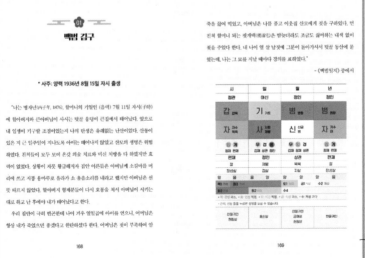

마지막으로 부록도 제공합니다.
'재미있는 사주 이야기'와 '유명인의 사주풀이'를 확인해볼 수 있습니다.

차례

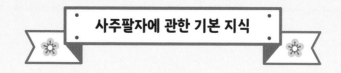

사주팔자에 관한 기본 지식

사주의 기본! 그냥 한번 스윽 보고 넘어가세요.
본문을 따라가다 보면 저절로 알게 됩니다.

1. 오행 (다섯 개의 색깔, 순서대로 기억하세요!)

목	화	토	금	수
木: 나무	火: 불	土: 땅	金: 쇠	水: 물
초록, 파랑	빨강	황토, 노랑	흰색	검정

헷갈리기 쉬운 색깔

금 : 황금을 생각하면 안 됨!! 금은 무조건 흰색!!
수 : 깊은 물속은 검은색이므로 水는 검은색! 파란 바다를 떠올리면 안 돼요!
　　☞ 파랑은 목(木)에 해당합니다.

2. 천간과 지지

천간(天干) : 天 하늘　　　　지지(地支) : 地 땅

천간은 10개라 십간이라고 부르며, 십이지는 우리가 잘 알고 있는 띠 동물 12개라고 생각하시면 됩니다. 천간은 욕망계, 지지는 현실계를 대변합니다. 천간과 지지 사이에는 시간차가 존재하는데, 천간과 지지 사이의 엇갈림은 인간사에서도 드러납니다. 천간은 욕망, 즉 정신세계를, 지지는 현실세계를 의미합니다. 천간이 무형의 세계라면 지지는 유형의 세계죠. 이 무형과 유형의 세계 사이에는 늘 시간차가 존재합니다. 이는 우리가 마음먹은 일이 곧장 현실이 되지 못하는 이치를 말해줍니다.

3. 십간과 십이지

십간 : 하늘(천간)을 이루는 10개의 글자(음양에 따른 오행)

甲	乙	丙	丁	戊	己	庚	辛	壬	癸
갑	을	병	정	무	기	경	신	임	계

십이지 : 땅(지지)을 이루는 12개의 글자(계절)

子	丑	寅	卯	辰	巳	午	未	申	酉	戌	亥
자	축	인	묘	진	사	오	미	신	유	술	해
쥐	소	호랑이	토끼	용	뱀	말	양	원숭이	닭	개	돼지

* 읽는 방법: 한자와 오행을 같이 읽어주세요.
  예: 갑목, 을목, 병화, 무토, 경금, 임수, 축토, 인목, 사화, 미토, 신금, 술토⋯

여기서 잠깐!

한 해의 시작은 쥐가 아니고 호랑이에요(입춘이 기준)! 그러니 봄을 시작으로 순서를 바꿔서 외울게요. 꼭! 바꿔서 외우세요! 그러지 않으면 헷갈릴 수 있어요! 어머! 순서를 바꾸니 색깔도 정리되네?

봄			여름			가을			겨울		
寅	卯	辰	巳	午	未	申	酉	戌	亥	子	丑
인	묘	진	사	오	미	신	유	술	해	자	축
호랑이	토끼	용	뱀	말	양	원숭이	닭	개	돼지	쥐	소

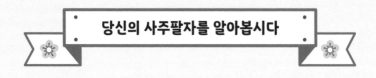

당신의 사주팔자를 알아봅시다

당신의 이름과 태어난 연, 월, 일, 시를 적어보세요.

이름

태어난 연도/ 월/ 일/ 시간

어떤 사람들은 살면서 일이 뜻대로 되지 않을 때 팔자 탓을 합니다. 미래를 물어보려고 점집을 헤맵니다. 재물이나 권력을 좇아서 굿을 하거나 부적을 쓰고, 돈으로 팔자를 고치려 듭니다. 하지만 팔자는 내가 태어날 때의 '연, 월, 일, 시' 네 기둥의 여덟 글자라서 다시 태어나지 않는 한, 바꿀 수가 없습니다. 다만 타고난 팔자를 토대로 내 음양과 오행의 균형과 장, 단점을 파악해 운의 방향을 바꿀 수는 있습니다. 같은 사주를 타고나더라도 상반된 삶을 사는 경우가 있는 것은 시대적 배경, 주변 환경, 집안 내력, 교육, 부모 형제

사주 (4개의 기둥)		태어난 시	태어난 날	태어난 달	태어난 해
		시주	일주	월주	연주
		▼	▼	▼	▼
팔자 (8개 글자, 각 기둥마다 2개씩)	천 간 ▶	시간	일간	월간	연간
	지 지 ▶	시지	일지	월지	연지

가 어떠한지에 따라서 달라질 수 있기 때문이지요. 그러므로 길흉은 반드시 자기 자신에게서 찾아야 합니다. 그래서 사주 명리는 본인이 직접 공부하는 것이 제일 좋습니다. 운명을 바꾸려면 나를 바꿔야 하는데, 바꾸려면 먼저 나 자신을 알아야 하거든요.

만세력으로 여덟 글자 찾기

플러스 만세력
http://manse.sajuplus.net/

인터넷 포털사이트에서 만세력을 검색해 여러분의 사주팔자를 확인하세요.

저, 래피는 주로 플러스 만세력을 이용합니다. 검색해보시면 다양한 만세력이

나오는데요, 결과는 모두 동일하니 각자 보기 편한 것을 이용하시면 됩니다.

만세력의 입력창에 태어난 연도, 월, 일, 시를 입력하면 여덟 글자, 즉 자신의

사주팔자가 나옵니다. 그 내역을 여기에 적어두거나 사진으로 기록해두세

요. 이제 그 풀이가 시작됩니다.

사주풀이는 저 래피의 사주를 기준으로 설명하겠습니다. 천천히 설명을 따

라오시면 여러분의 사주도 바로바로 해석하실 수 있습니다.

플러스만세력실제 화면

23

시	일	월	년
상관	아신	식신	편인
무 무토	정 정화	기 기토	을 을목
신 신금 병	축 축토 묘	묘 묘목 병	묘 묘목 건록
무 임 경	계 신 기	갑 을	갑 을
상관 정관 정재	편관 편재 식신	정인 편인	정인 편인
정재	식신	편인	편인
목욕	묘	병	병
겁살	월살	장성살	장성살
양 양	음 음	음 음	음 음

목3 인성		화1 비겁	토3 식상		금1 재성

• 목: 인성 과다, • 화: 비겁 고립, • 토: 식상 과다, • 금: 재성 적정, • 수: 관성 과소

• 간지, 신살 들을 누르면 설명을 보실 수 있습니다.

공망 천덕귀인 금여성 현침살 귀문관살	공망(년) 백호살 재고귀인 음착살	문곡귀인 현침살	문곡귀인 현침살

24

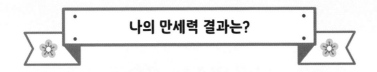

여러분의 만세력 결과를 적어두세요.

01

나의 일주를 찾아라

사주 (4개의 기둥)			태어난 시	태어난 날	태어난 달	태어난 해
			시주	일주	월주	연주
			▼	▼	▼	▼
팔자 (8개 글자, 각 기둥마다 2개씩)	천 간	▶	시간	일간	월간	연간
	지 지	▶	시지	일지	월지	연지

*일주가 갖는 의미는

일주는 내가 태어난 날에 해당하는 두 글자를 말합니다. 일주는 그 사람의 보편적인 특성을 말해주며, 천간 10개 곱하기 지지 12개로 총 60개의 일주가 나옵니다. 육십갑자라는 말, 흔히 들어보셨지요? 자기의 일주가 어떤 특성을 가지고 있는지 알고 싶다면, https://cafe.naver.com/rappysaju에서 일주 게시판을 보시면 됩니다.

시	일	월	년
상관	아신	식신	편인
무 무토	정 정화	기 기토	을 을목
신 신금 병	축 축토 묘	묘 묘목 병	묘 묘목 건록
무 임 경	계 신 기	갑 을	갑 을
상관 정관 정재	편관 편재 식신	정인 편인	정인 편인
정재	식신	편인	편인
목욕	묘	병	병
겁살	월살	장성살	장성살
양 양	음 음	음 음	음 음

목3 인성 　　　　　　화1 비겁　토3 식상 　　　　　　　金1 재성

- 목: 인성 과다, • 화: 비겁 고립, • 토: 식상 과다, • 금: 재성 적정, • 수: 관성 과소

• 간지, 신살 들을 누르면 설명을 보실 수 있습니다.

공망 천덕귀인 금여성 현침살 귀문관살	공망(년) 백호살 재고귀인 음착살	문곡귀인 현침살	문곡귀인 현침살

*자, 래피의 만세력을 봅시다!

저의 일주는 무엇일까요? 만세력에서 일주에 해당하는 부분을

읽어주시면 됩니다. 뭐죠? 네, 바로 '정축'입니다.

이제, 다음 페이지에 당신의 일주를 확인하고 적어넣어 보세요.

당신의 일주는?

사주 (4개의 기둥)			태어난 시	태어난 날	태어난 달	태어난 해
			시주	일주	월주	연주
			▼	▼	▼	▼
팔자 (8개 글자, 각 기둥마다 2개씩)	천 간	▶	시간	일간	월간	연간
	지 지	▶	시지	일지	월지	연지

나의 가족/배우자/친구/지인의 일주는?

사주 (4개의 기둥)			태어난 시	태어난 날	태어난 달	태어난 해
			시주	일주	월주	연주
			▼	▼	▼	▼
팔자 (8개 글자, 각 기둥마다 2개씩)	천 간	▶	시간	일간	월간	연간
	지 지	▶	시지	일지	월지	연지

나의 미니미를 찾아라

시간	일간	월간	연간
10	나의 미니미	10	10
시지	일지	월지	연지
10	20	30	10

* 사주팔자에는 각 자리마다 점수가 있어요!

미니미는 일간에 해당하는 글자로, 오행과 함께 읽어주면 됩니다.

* 이것을 '미니미'라 칭한 이유는,

일간은 8글자 중에서 가장 중요한 위치입니다. 나 자신의 축소판이라고

보면 이해가 쉽습니다. 그래서 미니미라는 별명을 붙였습니다. 사주팔자의

해석은 일간에 위치한 오행이 나머지 7글자와 어떤 관계(상생이냐, 상극이냐)

를 맺느냐를 따지는 것이므로 기준점이 된다고 할 수도 있겠습니다.

시	일	월	년
상관	아신	식신	편인
무 무토	정 정화	기 기토	을 을목
신 신금 병	축 축토 묘	묘 묘목 병	묘 묘목 건록
무 임 경	계 신 기	갑 을	갑 을
상관 정관 정재	편관 편재 식신	정인 편인	정인 편인
정재	식신	편인	편인
목욕	묘	병	병
겁살	월살	장성살	장성살
양	양	음	음	음	음	음	음

목3 인성 **화1** 비겁 **토3** 식상 **금1** 재성

• 목: 인성 과다, • 화: 비겁 고립, • 토: 식상 과다, • 금: 재성 적정, • 수: 관성 과소

• 간지, 신살 들을 누르면 설명을 보실 수 있습니다.

공망	공망(년)	문곡귀인	문곡귀인
천덕귀인	백호살	현침살	현침살
금여성	재고귀인		
현침살	음착살		
귀문관살			

자 그럼, 래피의 미니미는 뭘까요?

네 '정화'입니다. 앞에서 말씀드렸듯, 미니미는 일간에 해당하는 글자이며

오행(화)과 함께 읽어주시면 됩니다.

이제 여러분의 미니미도 찾아보세요. 여러분의 미니미는 무엇인가요?

당신의 미니미

사주 (4개의 기둥)		태어난 시	태어난 날	태어난 달	태어난 해
		시주	일주	월주	연주

▼ ▼ ▼ ▼

팔자 (8개 글자, 각 기둥마다 2개씩)	천 간	▶	시간	일간	월간	연간
	지 지	▶	시지	일지	월지	연지

미니미 복습하기

사주 (4개의 기둥)		태어난 시	태어난 날	태어난 달	태어난 해
		시주	일주	월주	연주

			▼	▼	▼	▼
팔자 (8개 글자, 각 기둥마다 2개씩)	천 간	▶	시간	일간	월간	연간
	지 지	▶	시지	일지	월지	연지

내 사주에 도움이 되는 것과
해가 되는 것

자신의 미니미가 무엇인지 확인했나요? 그럼 이제 내 미니미는 어떤 오행을 가졌는지, 나는 어떤 오행을 가까이 해야 하고 멀리 해야 하는지 알아볼 차례입니다. 이를 위해서는 우선 내 사주가 신강한지 신약한지 알아야 합니다.

* 신강/신약 찾는 방법

1) 내 미니미가 무슨 오행(색깔)인지 찾는다.

2) 내 미니미와 같은 오행(색깔)을 찾는다.

3) 내 미니미를 도와주는 친구를 찾는다.

4) 2)와 3)에서 찾은 오행(색깔)들의 점수를 합한다.

5) 점수의 합이 40점 이하면 신약, 50점 이상이면 신강

여기서 잠깐!!

3)의 내 미니미를 도와주는 친구를 찾으려면 오행(색깔)끼리 서로 어떤 관계

인지 알아야겠죠?

오행 순서 기억하시죠?

앞에서(18쪽) 말씀드렸죠. 그럼 아군과 적군을 찾아봅시다.

상 생	상 극
① 목생화 : 나무를 희생해 불을 만들죠.	① 목극토 : 나무는 땅을 뚫고 자랍니다.
② 화생토 : 햇빛은 땅을 비옥하게 합니다.	② 화극금 : 불은 금을 녹여버리죠.
③ 토생금 : 땅은 금을 캘 수 있게 해주죠.	③ 토극수 : 흙은 물을 막아버립니다.
④ 금생수 : 쇠가 녹으면 물이 됩니다.	④ 금극목 : 쇠가 나무를 베어버리죠.
⑤ 수생목 : 물이 있어야 나무가 자랍니다.	⑤ 수극화 : 물은 불을 꺼버립니다.

시	일	월	년
상관	아신	식신	편인
무 무토	정 정화	기 기토	을 을목
신 신금 병	축 축토 묘	묘 묘목 병	묘 묘목 건록
무 임 경	계 신 기	갑 을	갑 을
상관 정관 정재	편관 편재 식신	정인 편인	정인 편인
정재	식신	편인	편인
목욕	묘	병	병
겁살	월살	장성살	장성살
양 양	음 음	음 음	음 음

목3 인성   **화1 비겁**   토3 식상   금1 재성

• 목: 인성 과다, • 화: 비겁 고립, • 토: 식상 과다, • 금: 재성 적정, • 수: 관성 과소

• 간지, 신살 들을 누르면 설명을 보실 수 있습니다.

공망	공망(년)		
천덕귀인	백호살	문곡귀인	문곡귀인
금여성	재고귀인	현침살	현침살
현침살	음착살		
귀문관살			

래피의 사주를 예로 들어 설명할게요. 지금까지 설명한 것들(일주, 미니
미, 신강/신약)을 종합적으로 한번 살펴봅시다.

1) 래피의 미니미는 뭘까요? 네, 정화입니다.

2) 래피의 미니미와 같은 오행은?

미니미와 같은 색깔을 찾으면 됩니다. 네 없습니다. 0점입니다.

3) 래피의 미니미를 도와주는 친구는?

저의 미니미가 '화', 즉 불이니까 '목생화', 즉 '목'이 '화'를 도와주네요. 생각해보면 금방 알 수 있어요. 나무가 있으면 불이 더 활활 타오를 수 있으니까요. 자, 그럼 제 사주팔자에서 목(녹색)에 해당하는 것들을 찾아봅시다. '을목, 묘목, 묘목' 이렇게 3개가 있죠.

4) 그럼 점수의 합계는 어떻게 될까요?

앞에서 사주팔자에는 각 자리마다 점수가 있다고 했죠? 자, 모두 합산해봅시다(점수 계산할 때는 미니미를 제외하고 합산). 녹색에 해당하는 연간, 월지, 연지의 숫자를 합해보면, 10+30+10으로 총 50점입니다.

시간	일간	월간	연간
10	나의 미니미	10	10
시지	일지	월지	연지
10	20	30	10

5) 점수의 합이 50점 이상에 해당하므로 래피의 사주는 '신강'입니다.

자, 이제 옆 페이지에 여러분의 점수도 계산해보세요.

당신의 사주는 신강인가요, 신약인가요?

앞에서 풀어본 것을 다시 상기해봅시다.

당신의 미니미

당신의 미니미와 같은 오행은?(같은 색깔)

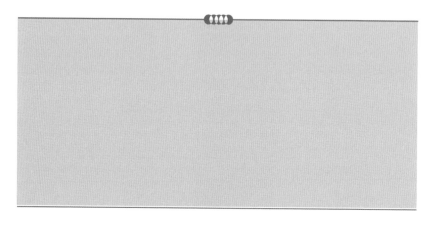

당신의 미니미를 도와주는 친구는?

점수의 합계는?

50 미만이면 신약, 50 이상이면 신강!

04

보약을 쓸 것인가, 기운을 뺄 것인가?
억부용신

내 사주가 신강인지, 신약인지 파악했다면,

이제 나에게 필요한 오행인 '용신'과 필요 없는 오행인 '기신(여기서 '기'는 '기피'할 때의 기)'을 찾아봅시다. 자고로 과유불급(過猶不及)이라 했죠. 즉 과한 것은 미치지 못한 것과 매한가지입니다. 이렇게 강한 것은 누르고 약한 것은 도와주는 것을 '억부용신'이라 합니다.

* 신약 사주일 때 나의 억부용신은 나를 도와주는 오행입니다. 내 기운이 약하므로 친구가 필요한 거죠. 나의 미니미와 친구에 해당하는(나를 생해주는) 오행을 제외한 나머지 오행은 자동으로 '기신'이 됩니다.

* 신강 사주일 때 나의 억부용신은 나와 친구(아군)를 제외한 오행입니다. 내 기운이 강하므로 적군을 가까이 해 내 기운을 누르는 게 좋습니다. 마찬가지로 그 외의 것들이 '기신'이 됩니다.

래피의 사주를 보고 설명해보죠.

시	일	월	년
상관	아신	식신	편인
무 무토	정 정화	기 기토	을 을목
신 신금 병	축 축토 묘	묘 묘목 병	묘 묘목 건록
무 임 경 상관 정관 정재	계 신 기 편관 편재 식신	갑 을 정인 편인	갑 을 정인 편인
정재	식신	편인	편인
목욕	묘	병	병
겁살	월살	장성살	장성살
양 양	음 음	음 음	음 음

목3 인성	화1 비겁	토3 식상	금1 재성

• 목: 인성 과다, • 화: 비겁 고립, • 토: 식상 과다, • 금: 재성 적정, • 수: 관성 과소

• 간지, 신살 들을 누르면 설명을 보실 수 있습니다

공망 천덕귀인 금여성 현침살 귀문관살	공망(년) 백호살 재고귀인 음착살	문곡귀인 현침살	문곡귀인 현침살

앞에서 보았듯 래피는 점수 합산 50점으로 '신강' 사주였죠. 따라서 래피의 사주에서 억부용신을 찾아보자면, 화(미니미)와 목(미니미 친구)을 제외한 '토', '금'. '수'네요. 즉, 래피는 토, 금, 수를 가까이 하는 게 좋다는 의미입니다! 여러분의 억부용신은 무엇인가요?

당신의 억부용신

나의 가족/배우자/친구/지인의 억부용신

05

내 사주의 조커 카드를 찾아라
조후용신

조후용신이란 내 사주의 온도와 습도를 조절해주는 것으로, 나에게 보너스 카드로 작용하는 용신을 말합니다. 이걸 찾으려면 '궁통보감'을 보셔야 합니다. 48쪽 궁통보감에서 나의 미니미와 '월지'가 만나는 지점을 찾아보세요. 그게 바로 내 사주의 조후용신입니다.

시	일	월	년
상관	아신	식신	편인
무 무토	정 정화	기 기토	을 을목
신 신금 병	축 축토 묘	묘 묘목 병	묘 묘목 건록
무 임 경 상관 정관 정재	계 신 기 편관 편재 식신	갑 을 정인 편인	갑 을 정인 편인
정재	식신	편인	편인
목욕	묘	병	병

*래피의 사주로 설명하죠.

래피의 미니미는 뭐죠? 네, '정'입니다. 그럼, 월지는요?

사주팔자 보시면 '월지'의 자리가 보이죠?

네, 래피의 월지는 '묘'입니다.

*이제 48쪽의 '궁통보감'에서 '정'과 '묘'가 만나는 지점을 찾아볼까요?

네! '경금'입니다!

* 래피의 경우 궁통보감 표에 따르면 경금이라고 나오므로,

래피에게 조커(보너스) 카드, 즉 물때로 작용하는 게 '경금'이라는 뜻입니다. 이는 살아가면서 만나게 되는 시절 운, 즉 대운과 세운 등에서 '경'이라는 글자를 만날 때 래피에게는 물때가 온다고 해석하면 됩니다.

*여러분의 조커 카드, 즉 조후용신은 무엇인가요?

보너스 카드로 작용한다는 의미는, 낚시에 비유하자면 나에게 물때로 작용한다는 뜻입니다. 내 의지만 있으면 언제든 낚시는 할 수 있지만, 물때가 들어올 때 집중적으로 낚시를 한다면 훨씬 더 좋은 성과를 낼 수 있겠죠?

조후용신과 억부용신이 일치하지 않는 경우도 있습니다. 예를 들어, 억부용신은 목, 화 오행인데 조후용신은 경금일 때에는 "조후용신에 해당하는 글자인 '경금'이 올 때에만 예외적으로 나에게 좋은 기운, 특히 물때로 작용하는구나"라고 생각하시면 됩니다.

	寅(인)	卯(묘)	辰(진)	巳(사)	午(오
甲(갑)	병화	경금	경금	계수	계수
乙(을)	병화	병화	계수	계수	계수
丙(병)	임수	임수	임수	임수	임수
丁(정)	갑목	경금	갑목	갑목	임수
戊(무)	병화	병화	갑목	갑목	임수
己(기)	병화	갑목	병화	계수	계수
庚(경)	무토	정화	갑목	임수	임수
辛(신)	기토	임수	임수	임수	임수
壬(임)	경금	무토	경금	임수	계수
癸(계)	신금	경금	병화	신금	경금

未(미)	申(신)	酉(유)	戌(술)	亥(해)	子(자)	丑(축)
계수	경금	경금	경금	경금	정화	정화
계수	병화	계수	계수	병화	병화	병화
임수	임수	임수	임수	갑목	갑목	임수
갑목	갑목	갑목	갑목	갑목	갑목	갑목
계수	병화	병화	갑목	갑목	병화	병화
계수	병화	병화	갑목	병화	병화	병화
정화	정화	정화	갑목	정화	정화	병화
임수	임수	임수	임수	임수	병화	병화
신금	무토	갑목	갑목	무토	무토	병화
경금	정화	신금	신금	경금	병화	병화

나의 조후용신

나의 가족/배우자/친구/지인의 조후용신

프로그램 이용법

여러분의 사주에 대해 지금까지 풀어본 내용을 확인해보세요!

아래 사이트에 들어가시면, 지금까지 풀어본 것이 맞는지 확인해보실 수 있습니다.

사이트 주소

https://cafe.naver.com/rappysaju/4

만세력으로 확인한 본인의 사주 여덟 글자만 입력하시면, 나의 일주, 미니미, 조후용신(물뺴), 억부용신(보약), 신강/신약 사주 등을 한방에 확인할 수 있습니다.

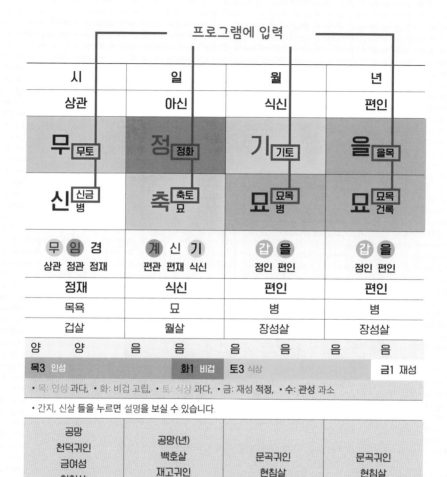

시	일	월	년
상관	아신	식신	편인
무 무토	정 정화	기 기토	을 을목
신 신금 병	축 축토 묘	묘 묘목 병	묘 묘목 건록
무 임 경	계 신 기	갑 을	갑 을
상관 정관 정재	편관 편재 식신	정인 편인	정인 편인
정재	식신	편인	편인
목욕	묘	병	병
겁살	월살	장성살	장성살
양 양	음 음	음 음	음 음

목3 인성	화1 비겁	토3 식상	금1 재성

• 목: 인성 과다, • 화: 비겁 고립, • 토: 식상 과다, • 금: 재성 적정, • 수: 관성 과소

• 간지, 신살 들을 누르면 설명을 보실 수 있습니다.

공망 천덕귀인 금여성 현침살 귀문관살	공망(년) 백호살 재고귀인 음착살	문곡귀인 현침살	문곡귀인 현침살

해당 사이트의 프로그램에, 만세력에서 확인한 자신의 사주 여덟 글자
(그림에서 파란 선으로 표시한 글자)를 적어넣으세요.

시	일	월	년
10	0	10	10
10	20	30	10

	개별 합계	합계
목	50	50
화	0	50
토	40	40
금	10	50
수	0	10

시	일	월	년
무토	정화	기토	을목
신금	축토	묘목	묘목

일주 :	정축
미니미 :	정화
무슨 월에?	묘목
조후용신 :	경금
	50
신강인지? 신약인지?	신강
	토, 금, 수

시	일	월	년
7	5	3	1
8	6	4	2

프로그램에 입력

시	일	월	년
무토	정화	기토	을목
신금	축토	묘목	묘목

사주점수 계산 = 오행 × 해당 칸 점수

시	일	월	년
10	0	10	10
10	20	30	10

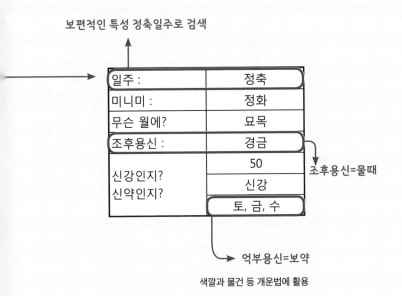

사주점수

	개별 합계	합계
목	50	50
화	0	50
토	40	40
금	10	50
수	0	10

보편적인 특성 정축일주로 검색

일주 :	정축
미니미 :	정화
무슨 월에?	묘목
조후용신 :	경금
신강인지? 신약인지?	50
	신강
	토, 금, 수

조후용신=물때

억부용신=보약

색깔과 물건 등 개운법에 활용

올해 나의 운의 흐름은 어떨까?

조후용신과 억부용신을 통한 운의 흐름 판단

래피의 사주를 바탕으로 설명하자면, 2021년은 신축년이지요? 신축년은 신금, 축토로 이뤄진 조합입니다. 금, 토 오행으로 이뤄진 해이지요. 앞에서 보셨듯이 래피의 억부용신은 '토, 금, 수'였지요. 그중에서도 래피는 금 오행이 가장 필요합니다. 왜냐하면 목 오행의 과다로 인해 '목생화'의 원리로 정축 일주의 일간인 정화가 신강해진 사주거든요. 쉽게 말하면 목 오행 때문에 (목생화로 인해) 일간, 즉 미니미가 강해져버렸다는 겁니다. 그러니까 사주를 강하게 만든 원흉인 목 오행을 좀 괴롭혀서 힘을 빼야겠지요? 그러려면 금 오행으로 '금극목'을 하면 되니까 1순위로 필요한 용신, 즉 보약은 '금' 오행입니다.

그러면 래피의 억부용신 중에서 남은 토, 수 오행 중에서 2순위 용신(이것을 희신이라고 부릅니다)을 찾아볼까요? 1용신을 생해주는 걸 찾으면 되는데, 래피의 경우에는 1용신인 금을 생해주는 게 '토생금', 즉 '토' 오행이지요? 그러므로 희신은 토 오행이 됩니다. 어떤가요? 신축년은 금 오행과 토 오행으로 이뤄진 해인데, 래피에게 금 오행과 토 오행이 둘 다 이로운 오행, 즉 보약이네요? 이럴 경우 저는 고속도로라고 비유합니다. 그런데 아무리 고속도로 운이라고 해도 내가 과속운전을 하거나 음주운전을 하면 더 큰 사고가 날 수 있음을 꼭 유념해야 됩니다. 운명의 '운'이 '운전하다'라는 뜻인 거 아시지요?

만약에 금 오행과 토 오행이 용신, 즉 보약이 아니라 기신, 기피해야 할 독약으로 작용하는 분이라면 어떻게 해석해야 할까요? 마찬가지로 도로에 비유하자면 자갈밭이나 비포장도로의 시절 운이라고 보시면 됩니다. 그런데 자갈밭이나 비포장도로의 운이라고 울고불고 할 필요가 없습니다. 그런 도로도 운전만 주의하면 잘 갈 수 있습니다. 안전운전만 하면 얼마든지 목적지에 잘 도착할 수 있죠. 시절 운은 이런 식으로 해석해야 합니다. 영원히 자갈밭만 이어지는 운은 없습니다. 영원히 고속도로인 운도 없지요. 이 세상은 음과 양이 교차하기 때문에 비포장도로의 운을 무사히 잘 지나고 나면 반드시 고속도로 운이 찾아옵니다.

올해 당신의 운의 흐름은 어떨까?

다음의 순서대로 풀어보세요.

1) 신축년은 신금, 축토로 이뤄진 조합(금, 토 오행)

2) 당신의 억부용신은?

3) 당신의 2순위 용신(희신)은?

4) 올해(신축년)의 오행과 비교해볼 때, 올해 당신의 운의 흐름은 고속도로일까,

비포장도로일까?

생활 속에서 자신의 운을 개선하는 방법

* 용신(보약)에 따른 옷이나 인테리어 또는 사물을 활용한 개운법을 알아봅시다.

🔵 **목** 오행이 용신이면 푸른색이나 녹색 옷,

🔴 **화** 오행이 용신이면 빨간색 옷,

⚫ **토** 오행이 용신이면 노란색이나 황금색 또는 황토색 옷을 입는 게 좋습니다.

⚪ **금** 오행이 용신인 사람은 흰색 옷을 입고,

⚫ **수** 오행이 용신인 사람은 약간 검은색 옷을 입는 게 좋습니다.

상황이 여의치 않으면 남자는 넥타이, 여자는 스카프 같은 액세서리로 색을 맞춰도 됩니다(인테리어, 구두, 장신구, 속옷 등도 해당).

자녀의 공부 집중력을 키우고 건강에 이로운 색이나 물건은 무엇일까요?

목 오행이 용신인 자녀에게는 파란색 또는 초록색 천을 책상 위에 깔아주고, 나무로 만든 책상과 의자 또는 직사각형 모양의 물건과 녹색 계열 화분을 배치하거나 등산 또는 숲 산책도 좋습니다.

화 오행이 용신인 자녀에게는 화기를 침실에 불어넣는 게 좋습니다. 불과 열이 나는 제품이나 뾰족한 모양의 물건과 삼각형 모양도 좋고 조금 붉은색 계통의 이불, 벽지, 커튼과 밝은 색 스탠드를 켜두면 운기 상승에 도움이됩니다.

토 오행이 용신인 자녀는 황금색, 황토색, 노란색 계열의 천, 벽지, 커튼, 이불이나 금(Gold) 재질의 물건이나 동그라미나 둥근 공, 마름모 모양의 물건, 흙침대, 황토방, 황토 찜질방 등도 좋습니다. 주말 농장이나 텃밭도 좋습니다.

ⓖ 오행이 용신인 자녀는 금기를 지닌 흰색이 좋으니 책상에 흰색 천을 깔아주고, 쇠로 만든 책상과 의자나 정사각형 모양의 물건을 배치합니다. 백금이나 실버 계열의 장신구나 시계 등 금속 액세서리도 좋고 벽지, 커튼, 이불 등도 흰색 계통이 길합니다.

ⓢ 오행이 용신인 자녀는 검은색 천이나 벽지, 커튼, 이불 등이 좋고, 어항이나 유리로 만든 제품이나 물결형 곡선 모양이나 사다리꼴 모양의 물건이 좋습니다. 물이 그려진 그림도 좋고 호수 또는 바닷가 산책도 좋습니다.

평소 조심해야 할
건강상의 문제는?

특정 오행이 과다하거나 과소하다면 반드시 해당 장부에 해당하는 건강 이상을 미리 체크하시고, 경계해야 합니다.

* 과소 : 사주 점수로 0점인 오행 또는 플러스 만세력에서 '고립'이라고 적혀 있는 경우입니다.

* 과다 : 사주 점수로 40점 이상이거나, 점수는 30점인데 8장의 카드 중 3장 이상의 카드를 차지한 오행의 경우입니다.

다음 페이지 표에 사주와 건강 간의 관련성을 정리해두었습니다. 각자 자신의 사주팔자를 보시고 특별히 유의해야 할 건강 문제를 확인해보세요.

천간오행의 건강

천간	갑(甲)	을(乙)	병(丙)	정(丁)	무(戊)	기(己)	경(庚)	신(辛)	임(壬)	계(癸)
음양 오행	양	음	양	음	양	음	양	음	양	음
	목(木)		화(火)		토(土)		금(金)		수(水)	
오장	간장		심장		비장		폐장		신장	
육부	담낭		소장		위장		대장		방광	
건강 문제	간장질환 췌장 뼈 수술 정신질환 스트레스 자율신경계		심장질환 혈관질환 안과질환 정신과질환 순환기질환 조현병		비장질환 위장질환 비만 산부인과질환 비뇨기과질환		뼈 우울증 자폐증 폐질환		산부인과 비뇨기과 두통 불면증 혈관질환 임신 우울증(정신)	
없을 때	교통사고 추락 소아마비 허리디스크 간질환 스트레스 치매 자율신경계		심장판막 뇌출혈 중풍 안과질환 심근경색 정신질환 울화병		위장병 췌장암 자궁 난소 난임 비만/과식		대장 폐 우울증 자폐증 뼈		신장결석 요로결석 방광 자궁 비임신 난임 전립선 임질/매독	
많을 때	교통사고 추락 소아마비 허리디스크 간질환 스트레스 치매 자율신경계		심장판막증 뇌출혈 중풍 안과질환 심근경색 정신질환 울화병		위장병 췌장암 자궁 난소 난임 비만/과식		대장 폐 우울증 자폐증 뼈		신장결석 요로결석 방광 자궁 비임신 난임 전립선 임질/매독	

지지의 건강 배정

지지	인(寅)	묘(卯)	사(巳)	오(午)	진(辰)	술(戌)	축(丑)	미(未)	신(申)	유(酉)	해(亥)	자(子)
음양 오행	양	음	양	음	양	양	음	음	양	음	양	음
	목(木)		화(火)		토(土)				금(金)		수(水)	
오장	간장		심장		비장				폐장		신장	
육부	담낭		소장		위장				대장		방광	
건강 (영향)	뼈 자율신경		혈관 정신(조현병)		자궁 췌장				혈관 정신(자폐증)		자궁 생식기 정신(우울증)	
적을 때	간장질환 췌장 문제 교통 사고 뼈의 수술		심장병 중풍 심장판막증 안과질환		위장 신장 자궁 난소				대장암 대장염 폐암 폐렴		혈관질환 조루 무임신 방광염 전립선염	
많을 때	교통사고 수술 간염 간경화 췌장암 간암 자율신경계이상 기억력 상실		혈관질환 심장병 혈압 중풍 정신과 질환 화병 조현병		위장암 위장염 췌장염 췌장암 비뇨기질환 산부인과질환				대장암 대장염 폐암 폐렴 관절계통 뼈 교통사고 자폐증 우울증		산부인과 피부비뇨기과 우울증 자폐증 불면증 자궁이상 허리척추병 무릎	
없을 때	신경이상 정신이상 치매 고소공포증		심장병 화병 울렁증		위장병 과식 폭식 소화불량				자폐증 폐병 대장계통 감기		불면증 비뇨기과 불임과 난임 생리통	

64

시	일	월	년
상관	아신	정관	편인
임 임수	신 신금	병 병화	기 기토
진 진토 묘	미 미토 쇠	자 자수 태	해 해수 태
을 계 무	정 을 기	임 계	무 갑 임
편재 식신 정인	편관 편재 편인	상관 식신	정인 정재 상관
정인	편인	식신	상관
묘	쇠	장생	목욕
반안살	화개살	도화살	지살
양 양	음 음	양 음	음 양

화1 관성	토3 인성		금1 비겁	수3 식상

• 목: 재성 과소 • 화: 관성 적정 • 토: 인성 과다 • 금: 재성 적정 • 수: 관성 과다

몇 가지 사례들을 직접 보도록 하겠습니다. 위 사주는 신미 일주 남성인데요, 목 오행이 아예 없는 간경화 환자분의 실제 사례입니다. 토 오행은 과다, 수 오행도 과다, 목 오행은 과소(없음) 사주입니다. 이런 사주는 어느 장부라고 할 것 없이 평소 건강 관리를 매우 신경 써야 하는데요, 이 분은 실제로 목 오행 없음으로 인한 간경화를 앓게 된 사례입니다.

시	일	월	년
겁재	아신	상관	식신
계 계수	임 임수	을 을목	갑 갑목
묘 묘목 장생	오 오화 태	해 해수 사	인 인목 건록
갑 을 식신 상관	병 기 정 편재 정관 정재	무 갑 임 편관 식신 비견	무 병 갑 편관 편재 식신
상관	정재	비견	식신
사	태	건록	병
도화살	장성살	겁살	지살
음 음	양 음	음 양	양 양

목4 식상   **화1 재성**   **수3 비겁**

• 목: 식상 과다 • 화: 재성 적정 • 토: 관성 과소 • 금: 인성 과소 • 수: 비겁 과다

위 사주는 임오 일주 여성인데요, 이분은 목 오행 과다로 인한 디스크 및 간, 담낭 종양 사례입니다. 과유불급이라 특정 오행이 없어도 문제, 많아도 문제인데요, 이 분은 목 오행이 너무 많아 발병한 사례입니다. 이분 역시 목 오행 과다 외에도 수 오행 과다, 토 오행 과소, 금 오행 과소로 상당히 건강에 신경을 써야 하는 사주입니다. 이 분이 입원하시며 본인 SNS에 남긴 글을 첨부합니다.

"디스크가 다 터졌단다. 미련하게 버텼던 거다. 매주 입학설명회 무대에

서야 하고, 대학교 취업특강이 오래간만에 계속 있었고, 학부모 강의도 코로나 이후 오래간만에 연말에 연이어 있었는데 모두 취소. 평생 처음 결근, 지각, 조퇴 그러다 한 달 병가를 냈다. 하루에도 학교에서 전화가 수십 통씩 걸려오지만 꼼짝을 할 수 없어 입으로 요양 근무 중. 피검사에서 간과 담낭에도 종양이 있다 하여 또 허걱 하며 검사하느라 미칠 뻔했는데 다행히 아직은 혈관종이란다. 진짜 잠깐 사이 생과 사를 오락가락. 온몸에 바늘이란 바늘은 다 꽂아보고, MRI, CT, 초음파에 무슨 검사란 검사를 다하고 아주 이참에 병원 쇼핑을 제대로 다하고 나니 정신이 번쩍 든다. 건강이 제일 중요하다는 말을 실감!"

시	일	월	년
식신	아신	비견	편인
무 무토	병 병화	병 병화	갑 갑목
술 술토 묘	진 진토 관대	자 자수 태	오 오화 사
신 정 무	을 계 무	임 계	병 기 정
정재 겁재 식신	정인 정관 식신	편관 정관	비견 상관 겁재
식신	식신	정관	겁재
묘	관대	태	제왕
화개살	월살	재살	장성살
양 양	양 양	양 음	양 음

목1 인성	화3 비겁	토3 식상	수1 관성

• 목: 인성 고립 • 화: 비겁 과다 • 토: 식상 과다 • 금: 재성 과소 • 수: 관성 적정

위 사주는 병진 일주 여성인데요, 이분은 금 오행 과소로 인한 폐암 발병 사례입니다. 이분 역시 화 오행 과다, 토 오행 과다에 목 오행 고립까지 겹쳐 상당히 건강에 신경을 써야 합니다. 목 오행 고립은 무슨 말인고 하니, 목 오행이 있기는 있지만, 옆에 있는 병화를 '목생화', 밑에 있는 오화를 '목생화'로 생하느라 기운이 다 빠져나가버린 고립 사례입니다. 이렇듯 사주에 오행이 있더라도 고립이 되느냐 마느냐도 중요합니다. 고립된 오행도 없는 오행이나 마찬가지라고 봐야 합니다.

나의 기질과 적성을
알아봅시다!

자, 이제 사주팔자상에 나타난 여러분의 기질과 적성 등을 파악해볼 차례입니다. 어떤 기질을 타고났는지, 그리하여 어떤 직업군이 자신과 어울리는지, 올해 운세가 어떠할지 등등 여러분의 사주팔자에 관한 전반적인 큰 그림을 살펴보겠습니다.

그러려면 일단, 만세력 읽는 법을 아셔야 하는데요, 조금 복잡할 수 있지만 천천히 따라오시면 됩니다.

플러스 만세력을 예로 들어 설명해보겠습니다.

포털사이트에서 '플러스 만세력'을 검색해 들어가시면 아래와 같이 자신의 사주팔자를 한방에 확인할 수 있습니다. 문제는, 뭐가 뭔지 모르겠다는 거죠. 하나하나 설명해드리겠습니다.

플러스만세력 실제 화면

만세력 참고자료 택일

플러스만세력

생년월일, 시간을 선택하고 [만세력보기]를 클릭하세요.
[대운.세운.월운.일진]등 운세는 [플러스운세력]에서 서비스 됩니다.

만세력 사용 설명서 바로가기

이곳에 본인이
태어난 년, 월, 일,
시 등을 입력합니다!

팝업입력 · 나의 정보
manse.sajuplus.net

□외격적용 □조후제외 [십성 ∨] ?

성별 ● 남자 ○ 여자 □서머타임배제

생일 [양력 ∨] [2019 기해 ∨]년 [11 ∨]월 [30 ∨]일 [평달]

생시 [10 ∨]시 [35 ∨]분 □야자시선택 ?

출생지 [표준시 0분 0초 ∨] ? [시간추정]

만세력보기

간지로 정보입력
© 생략문자 □원국자료

시	일	월	년
상관	아신	식신	편인
무 무토	정 정화	기 기토	을 을목
신 신금 병	축 축토 묘	묘 묘목 병	묘 묘목 건록
무 임 경	계 신 기	갑 을	갑 을
상관 정관 정재	편관 편재 식신	정인 편인	정인 편인
정재	식신	편인	편인
목욕	묘	병	병
겁살	월살	장성살	장성살
양 양	음 음	음 음	음 음

목3 인성		화1 비겁	토3 식상		금1 재성

• 목: 인성 과다, • 화: 비겁 고립, • 토: 식상 과다, • 금: 재성 적정, • 수: 관성 과소

• 간지, 신살 들을 누르면 설명을 보실 수 있습니다.

공망 천덕귀인 금여성 현침살 귀문관살	공망(년) 백호살 재고귀인 음착살	문곡귀인 현침살	문곡귀인 현침살

십성 (십신)

	시주	일주	월주	연주	
	시	일	월	년	연월연시
	상관	아신	식신	편인	
천간	무 무토	정 정화 (일간)	기 기토	을 을목	십성(십신)
지지	신 신금 병	축 축토 묘	묘 묘목 병	묘 묘목 건록	
	무 임 경	계 신 기	갑 을	갑 을	
	상관 정관 정재	편관 편재 식신	정인 편인	정인 편인	
	정재	식신	편인	편인	
	목욕	묘	병	병	
	겁살	월살	장성살	장성살	
	양 양	음 음	음 음	음 음	

목3 인성	화1 비겁	토3 식상	금1 재성

- 목: 인성 과다, • 화: 비겁 고립, • 토: 식상 과다, • 금: 재성 적정, • 수: 관성 과소

- 간지, 신살 들을 누르면 설명을 보실 수 있습니다

공망 천덕귀인 금여성 현침살 귀문관살	공망(년) 백호살 재고귀인 음착살	문곡귀인 현침살	문곡귀인 현침살

만세력 위아래로 표시한 작은 글자 보이시죠? 이것이 십성(십신)입니다. 한마디로 사주 본인의 특성, 즉 게임으로 치자면 캐릭터의 능력치를 말하죠. 대략적으로 몇 가지만 말하자면, 아래와 같습니다. 나머지 자세한 설명은 뒤에서(83쪽) 이어집니다.

● 게임의 캐릭터의 능력치 ●

비겁(비견,겁재) : 어깨를 견줌, 경쟁심, 투쟁, 형제/자매/동료

식상(식신,상관) : 의식주, 말발, 몸으로 표현, 끼와 아이디어

재성(편재,정재) : 재물을 향한 성향 (남자에게는 여자)

관성(편관,정관) : 관직, 통제 (여자에게는 남자)

인성(편인,정인) : 학문, 예술, 철학, 종교, 도장, 문서

십이운성

	시주	일주	월주	연주	
	시	일	월	년	연월연시
	상관	아신 미니미	식신	편인	
천간	무 무토	정 정화 일간	기 기토	을 을목	
지지	신 신금 병	축 축토 묘	묘 묘목 병	묘 묘목 건록	
	무 임 경 상관 정관 정재	계 신 기 편관 편재 식신	갑 을 정인 편인	갑 을 정인 편인	
	정재	식신	편인	편인	
	목욕	**묘**	**병**	**병**	십이운성
	겁살	월살	장성살	장성살	
	양 양	음 음	음 음	음 음	

목3 인성 　　　화1 비겁 　토3 식상 　　　금1 재성

• 목: 인성 과다, • 화: 비겁 고립, • 토: 식상 과다, • 금: 재성 적정, • 수: 관성 과소

• 간지, 신살 들을 누르면 설명을 보실 수 있습니다

공망	공망(년)		
천덕귀인	백호살	문곡귀인	문곡귀인
금여성	재고귀인	현침살	현침살
현침살	음착살		
귀문관살			

다음으로, 십성 아래로 또 작은 글자들이 있습니다. 이것을 십이운성이라고 합니다. 다 알 필요는 없고 중요한 것 세 가지 정도만 알면 됩니다. 묘, 목욕, 제왕만 알아두시면 되는데요, 이에 대한 자세한 설명은 뒤에서(143쪽) 이어집니다.

신살

	시주	일주	월주	연주	연월연시
	시	일	월	년	
	상관	아신 마니미	식신	편인	
천간	무 무토	정 정화 일간	기 기토	을 을목	
지지	신 신금 병	축 축토 묘	묘 묘목 병	묘 묘목 건록	
	무 임 경	계 신 기	갑 을	갑 을	
	상관 정관 정재	편관 편재 식신	정인 편인	정인 편인	
	정재	식신	편인	편인	
	목욕	묘	병	병	
	겁살	월살	장성살	장성살	
	양 양	음 음	음 음	음 음	
	목3 인성	화1 비겁	토3 식상		금1 재성

• 목: 인성 과다, • 화: 비겁 고립, • 토: 식상 과다, • 금: 재성 적정, • 수: 관성 과소

• 간지, 신살 들을 누르면 설명을 보실 수 있습니다

시주	일주	월주	연주
공망 천덕귀인 금여성 현침살 귀문관살	공망(년) 백호살 재고귀인 음착살	문곡귀인 현침살	문곡귀인 현침살

신살

자, 다음으로 십이운성 아래 무슨무슨 살이라고 보이시죠? 아마도 '도화살'이니 '역마살'이니 많이들 들어보셨을 겁니다. 그림에 표시된 것들을 전부 '신살'이라고 합니다. 신살들 중에서 가장 영향력이 큰 것이 일주 자리에 있는 것들입니다. 그 다음이 월주이고, 연주와 시주에 있는 것들은 그냥 참고만 해도 상관없습니다.

신살들에 대한 설명도 뒤에서(116쪽) 이어집니다.

지장간ㅣ격

	시주	일주	월주	연주
	시	일	월	년
	상관	아신 ^{미니미} 아신	식신	편인

	시주	일주	월주	연주
천간	무 무토	정 정화 ^{일간}	기 기토	을 을목
지지	신 신금 병	축 축토 묘	묘 묘목 병	묘 묘목 건록
지장간	무 임 경	계 신 기	갑 을 ←월지	갑 을
	상관 정관 정재	편관 편재 식신	정인 편인	정인 편인
	정재	식신	월지지장간	편인
	목욕	묘	병	병
	겁살	월살	장성살	장성살
양	양	음	음	음	음	음	음

목3 인성   **화1** 비겁   **토3** 식상   금1 재성

• 목: 인성 과다, • 화: 비겁 고립, • 토: 식상 과다, • 금: 재성 적정, • 수: 관성 과소

• 간지, 신살 들을 누르면 설명을 보실 수 있습니다

공망 천덕귀인 금여성 현침살 귀문관살	공망(년) 백호살 재고귀인 음착살	문곡귀인 현침살	문곡귀인 현침살

자, 이제 지장간이라는 것을 알아봅시다.

그림에서 지지 아래에 글자들 보이죠? 이것을 지장간이라 합니다. 지지 속에 숨어 있는 '천간'이라는 의미죠. 옆의 그림처럼 각 지지들 아래에는 두세 개의 글자가 있습니다. 이 중에서 가장 중요한 것이 월지 아래에 있는 지장간입니다. 이것이 중요한 이유는 이걸 가지고 '격'을 알아낼 수 있기 때문입니다.

격도 십성과 마찬가지로 게임 캐릭터로 치면 능력치 중 하나인데, 십성의 능력치와 격의 능력치까지 알면 좀 더 디테일하게 본인을 분석할 수 있게 됩니다.

이 지장간과 격을 알아내는 순서가 있으니, 바로 다음과 같습니다.

♣ 격 투출 순서!

① 지장간에 월간과 같은 글자가 있으면 일빠!

② 월간과 같은 글자 없으면 미니미 제외한 천간 전체에서 같은 글자 찾기

③ 지장간과 천간에서 같은 글자가 2개 나오면 지장간의 마지막 글자부터 우선

　순위로 격을 부여(마지막-중간-처음 순으로)

④ 같은 글자 투출하지 못하면 월지 자체가 격이 됨

*지장간 : 월지 아래 숨어 있는 두세 개의 글자

래피의 사주로 예를 들어 말하자면, 월지의 지장간에 '갑' '을' 글자 보이죠? 저 글자들이 '천간'에 있는지 확인해봅시다. 단, 미니미 자리에 있는 글자는 제외해야 합니다. 일단, 같은 기둥엔 갑, 을이 없고, 나머지 중 연주의 천간에 '을'이 있네요. 따라서 을 아래에 작게 적힌 글자 '편인'이 래피의 '격'이 됩니다. 즉 래피는 '편인격'입니다

십신의 종류와 성질

앞에서 만세력을 통해 '십신'을 확인하셨죠?

여러분의 십신은 무엇인가요? 각자 자신에게 해당하는 십신을 찾아 읽어보세요. 그것이 여러분이 타고난 기질입니다. 다음 장에 십신을 간략히 정리해놓았습니다. 좀 더 자세한 설명이 이어지니까요, 자신에게 해당하는 부분을 찾아 읽어보시고, 가족이나 친구들의 십신도 확인해보세요.

이게 은근히 재밌답니다!

다음 페이지에서 여러분에게 해당하는 것을 찾아 읽어보세요.

비 겁	미니미와 같은 오행(색깔)	비 견	같은 음양(+/-)	경쟁. 자존심. 승부욕. 고집.
		겁 재	다른 음양(+/-)	뺏고 빼앗기는 투쟁. 욕심.
식 상	미니미가 생해주는 오행(색깔)	식 신	같은 음양(+/-)	의식주. 일복. 표현력. 강의. 노래.
		상 관	다른 음양(+/-)	하극상. 끼와 재능. 보스기질. 언변력
재 성	미니미가 극하는 오행(색깔)	편 재	같은 음양(+/-)	사업수완. 투자. 유흥. 도박. 횡재
		정 재	다른 음양(+/-)	성실. 규칙적. 정직. 안정된 생활.
관 성	미니미를 극하는 오행(색깔)	편 관	같은 음양(+/-)	치우친 관직. 강한 직업. 권력. 의리
		정 관	다른 음양(+/-)	공동체생활. 원칙주의. 공무원. 학자
인 성	미니미를 생하는 오행(색깔)	편 인	같은 음양(+/-)	치우친 학문. 전문가. 예술가. 창조적
		정 인	다른 음양(+/-)	일반적 학문. 교사. 행정직. 부동산

❀ 십 신 ❀
(십성, 기질, 10가지 달란트)

비겁(비견, 겁재)

● ● ● ● ● ● ●

• **비견과 겁재**를 합쳐서 비겁이라고 부릅니다. 비겁은 나와 똑같은 오행, 즉 내 미니미와 색깔이 같은 카드를 말합니다.

• 월지 자리에 비겁이 놓여 있는 사람은 경쟁이 요구되는 업종이나 학교 계통, 레드오션 쪽 일이 어울립니다. 동일한 상품을 취급하는 옷이나 가구 등의 전문점 등과 피라미드 조직구조 속에서 동기생끼리 경쟁을 해야 하는 경찰학교 또는 사관학교를 예로 들 수 있습니다.

• 비견격 또는 겁재격 사람은 자존심이 강해 다른 사람 아래에서 일하기가 어렵습니다. 그러므로 개인사업을 하거나 조직생활, 특히 자기 업무 영역이 확실한 공무원이나 교사가 좋습니다.

• **비견은** '견줄 비, 어깨 견', 즉 어깨를 나란히 견준다는 뜻입니다.

비견은 형제, 자매, 친구, 동료, 동업자, 경쟁의 키워드입니다. 비견은 분리, 승부욕, 독립, 신념, 이별, 자존심이나 고집을 나타냅니다. 자존심과 승부욕이 강하며 비견이 많으면 고집이 강하고 주관이 강해 남과 타협하기 힘이 듭니다. 자칫 잘못하면 남을 무시하는 경향도 있을 수 있으니 주의가 필요합니다. 주변의 간섭이나 통제를 꺼리며 주변 사람들과 마찰, 언쟁을 하는 일이 잦기도 합니다. 형제자매나 동료 외에 부모 형제와도 불화하기 쉽고, 배우자와도 마찰과 갈등이 있을 수 있습니다. 재물에 대한 욕심이 지나치고, 때로는 남에게 베풀기를 싫어하는 경향도 나타냅니다.

비견에 어울리는 직업군

자격증을 이용한 사업, 프랜차이즈, 기획연구업, 유사금융업, 자영업, 개인사업, 건축업, 경비, 경호, 노동조합, 대리점, 분양업, 선출직 정치인, 스포츠 관련 업종, 요식업, 운수업, 의사, 전문직, 조각가, 투기 직종, 특수직, 군인, 검사, 경찰, 조직, 사채, 전당포, 투기업자, 교수, 기자, 대리점, 물류, 변호사, 사단법인, 사진, 언론사, 역술인, 영상, 운동선수, 유통, 의사, 인권단체, 조경, 종교, 주유소, 출장소, 판사, 프리랜서, 협회 등

• **겁재는** '재물을 겁탈한다'라는 뜻입니다.

라이벌, 경쟁자, 경쟁심리, 협동 불가, 구속, 독단, 불손, 쟁투, 폭력, 자기중

심적, 투쟁, 욕심, 형제, 자매, 친구의 키워드입니다. 겁재가 있는 사람은 내가 남으로부터 재물 등을 빼앗아 올 수도 있지만 동시에 뺏길 수도 있음을 항상 유념해야 합니다. 겁재는 시기와 질투를 포함하며, 재물에 대한 지나친 욕심으로 주변 사람들은 물론, 부모 형제의 재물도 탐낼 수 있으며 동업은 웬만하면 안 하는 게 좋습니다. 지나친 자존심으로 남에 대한 이해심이 부족하여 칭찬에 인색합니다. 도박이나 투기로 인한 일확천금을 꿈꾸기도 하며, 심할 경우 가산을 탕진하기도 합니다. 주변의 간섭이나 통제를 꺼리며 겁재가 강하면 직장생활보다는 자영업이나 전문직 또는 프리랜서가 적당합니다. 연구나 기획, 의사, 변호사 등 전문직이나 자영업에도 유리합니다.

겁재에 어울리는 직업군

자격증을 이용한 사업, 프랜차이즈, 기획연구업, 유사금융업, 자영업, 개인사업, 건축업, 경비, 경호, 노동조합, 대리점, 분양업, 선출직 정치인, 스포츠 관련 업종, 요식업, 운수업, 의사, 전문직, 조각가, 투기 직종, 특수직, 군인, 검사, 경찰, 조직, 사채, 전당포, 투기업자, 교수, 기자, 대리점, 물류, 변호사, 사단법인, 사진, 언론사, 역술인, 영상, 운동선수, 유통, 의사, 인권단체, 조경, 종교, 주유소, 출장소, 판사, 프리랜서, 협회 등

식상 (식신과 상관)

• • • • • • •

• 식신과 상관을 합쳐서 **식상**이라고 부릅니다. 여자에게는 자식의 키워드이기도 합니다. 식상은 내가 생해주는(떠먹여주는) 오행, 즉 내 미니미가 생해주는 색깔의 카드를 말합니다.

• 월지 자리에 식상이 놓여 있는 사람은 말로 하는 어학과 언론 그리고 끼가 필요한 예능, 공학, 의학이 전공으로 바람직합니다.

• 식신격인 사람은 건물 임대업을 포함해 의식주에 관련된 사업이 어울립니다. 식신격에 정관과 편관이 같이 있으면 생산적인 일보다는 사람과 관련된 비생산적 업무인 의사, 간호사, 예술가, 연예인, 법관, 성직자, 외교관, 군경, 운동선수 등의 구류술업에 종사하는 것이 좋습니다. 식신격에 정재가 같이 있으면 금융, 식료품 회사 등에서 봉급생활을 하는 것도 좋고, 편재가 같이 있으면 기술 계통도 좋습니다. 식신격에 편인, 정인, 상관이 같이 있으면 배우, 탤런트, 가수, 무용가 등이 좋고 작가, 작곡가 등 창의력을 요하는 직업도 적절합니다.

• 상관격인 사람은 언변이 뛰어나므로 아나운서는 물론 변호사, 종교인, 교육자, 보모, 중개인 등 말하는 직업이 좋고, 머리가 좋아 발명가와 학자도 가능합니다. 다재다능하므로 연예 계통도 좋습니다. 상관격에 정재나 편재가 있으면 기술을 바탕으로 하는 사업도 가능합니다.

• **식신은** '먹을 식, 귀신 신'의 뜻입니다. 입으로 들어가는 것, 의식주의 키워드입니다. 먹을 복과 일복, 노력 등도 해당합니다. 입에서 나오는 것은 대표적으로 표현력과 말발이 있습니다. 입으로 하는 일을 잘하는 편이라 강의나 노래, 춤 등 몸으로 표현하는 것에 소질이 있으며, 대인관계도 좋은 편입니다. 식신은 재물운을 관장하는 재성을 생하는 길성으로 모든 이에게 호감을 받는 편이고, 이로 인해 대접도 받는 편입니다. 인간관계가 원만하고 예의가 바르니 가는 곳마다 먹을 복이라, 건강한 심신의 소유자입니다. 사업 수완이 좋고 처세술과 사교술에 뛰어나 일처리도 원만합니다. 식신은 총명하고 지혜로우며 의식주와 일복이 있음을 나타냅니다. 직업적으로는 말로 하는 일에 유리한 점이 있어 학원, 강사, 사회자, 아나운서 등 언론인이나 교직 등이 적성이 맞습니다.

• **상관은** '관(官, 벼슬)을 상하게 한다, 즉 직업이나 명예에 상처를 준다'라는 뜻입니다. 직업적으로 화려하며 재주와 언변이 좋고 연예인의 끼와 예체능이 상관의 키워드입니다. 하극상 스타일로서, 아랫사람은 잘 보살피고, 윗사람에게는 직언하고 대드는 스타일입니다. 시위 현장에서 제일 앞에 나서는 사람이라 직장생활이 쉽지 않습니다. 자유분방하고 끼가 많으며 새로움이나 새것에 대한 호기심과 욕심, 오기와 교만도 있을 수 있습니다.

상관은 재주가 있고 예술에 소질이 있으며 음악 등을 즐깁니다. 언변이 뛰어나 설득력이 있으며 창의적 표현, 아이디어, 기획, 디자인, 작곡 등 머릿속 설계에 재능이 있습니다. 명분과 주관이 뚜렷한데, 상관이 용신이면 연예계로 진출하여 두각을 나타낼 수도 있습니다. 멋쟁이 스타일이며 옷차림이나 얼굴과 몸매가 뛰어납니다.

그러나 자신감이 넘치는 나머지 오만과 독선적인 기질도 강해 상대를 무시하거나 자기주장이 강해 타협이 부족할 수 있으니 항시 이 부분을 주의해야 합니다. 감정의 기복과 변덕이 심하고, 직업에 부침도 많습니다. 반항심이 강하게 작용하며 문장력이나 언변이 뛰어납니다. 상관은 기존의 통념과 법칙을 잘 따르지 않으려고 하며 규격화되고 정형화된 시스템을 좋아하지 않습니다. 한 직장에서 오래 견디기 어렵습니다.

상관은 이성을 상대로 하는 일을 하기 쉽다고 봅니다. 남자는 여자를 상대로 일을 하고, 여자는 남자를 상대로 일을 하므로 구설에 오르기 쉽고, 실제 이성 문제로 인한 사고도 나기 쉽습니다. 반발 의식, 투쟁, 시비, 관재, 송사, 교육, 예술, 연구, 기획, 저술, 출판, 광고, 언론, 방송이 키워드입니다. 승부욕의 성격이 두드러지며 보스 기질이 있어 자기를 믿고 따르는 사람이나 약한 자를 위해서는 자기 주머니를 털어서라도 끝까지 뒤를 밀어주는 희생, 봉사 정신과 동정심이 강한 면도 있습니다.

상관에 어울리는 직업군

가수, 가이드, 강사, 교사, 교수, 교육계, 대변인, 변호사, 대중예술, 언론, 스포츠, 디자인, 기자, 정치인, 노동운동가, 문필가, 발명, 서비스업, 세일 업종, 소설가, 수리업, 시인, 아나운서, 약학계, 앵커, 역술인, 연구원, 연예인, 유통업, 흥행사업, 제조업, 종교인, 중개업, 통역사, 판매직 등

재성(편재와 정재)

• • • • • • •

• 편재와 정재를 합쳐서 **재성**이라고 부릅니다. 다만, 재성은 재물 그 자체를 뜻하는 게 아니라 재물을 향한 나의 성향 또는 성취를 이뤄낼 수 있는 능력 등을 의미합니다. 남자에게는 재성이 이성 배우자, 즉 여자의 키워드이기도 합니다. 재성은 내가 극하는 오행, 즉 내 미니미가 극하는 색깔의 카드를 말합니다(재물은 내가 싸워서 쟁취해야 하는 것, 즉 극해서 빼앗아 와야 하는 것이라고 생각하면 쉽습니다).

• 월지가 편재인 경우는 상과 계통이 어울립니다. 월지가 편재이고 주변에 관성이 같이 있는 경우는 경영 계통, 월지 편재가 인(寅), 신(申), 사(巳), 해(亥)인 경우는 무역 계통, 월지가 편재이고 주변에 상관이 같이 있는 경우는 회계학 계통이 적성에 맞습니다.

• 월지가 정재인 경우는 생활이 안정적인 교사나 공무원 등이 좋습니다.

• 편재격 사람은 자유로운 행동과 부드러운 표현력을 가지고 있으면서 떠돌기를 좋아합니다. 그래서 국외를 무대로 협상력을 발휘하는 무역이나

외교에 적절합니다. 통신과 교통 등의 관련업도 좋고, 부동산과 증권 등 투기성 사업도 잘할 수 있습니다.

• 정재격 사람은 성실과 신용이 필수적인 사업이나 직장생활이 좋고, 금융과 재무 계통의 관공서 봉급생활이 제격이나 기업 경영도 잘할 수 있습니다.

• **편재는** '편식'의 '편'을 써서 '치우친 재물의 성향'으로 해석합니다. 투기성이 강해 재물의 들고나감이 심한 성향입니다. 편재는 손재주, 고집, 유흥, 도박, 사업 수완 좋음, 횡재, 투기적 재물, 일확천금의 키워드입니다. 편재는 기본적으로 내 소유가 아닌 재물을 향하는 키워드입니다. 편재는 재물에 대한 집착이 크고, 재물에 대한 기복 또한 큽니다. 횡재수가 따르기도 하는 운이라, 운대가 맞으면 큰 부자가 되기도 합니다. 즉흥적이고 기분파적 기질이며 성격이 강직하고 처세술에 강합니다. 후원이나 기부에도 적극적이며, 가무와 풍류에도 일가견이 있습니다. 의협심과 동정심이 많고 배짱과 씀씀이가 커 무리한 투자나 투기로 인해 곤경에 빠지기도 합니다. 재성이 충이나 형이 되면 도벽이 있다고도 봅니다. 남명(남자의 사주)에서 일지 외에 편재가 있으면, 주변에 여자가 많아 자칫하면 바람기가 될 수도 있습니다. 편재와 정

재가 섞여서 재성이 혼잡되면, 여자와 돈으로 인해 고통을 받을 수도 있습니다.

편재에 어울리는 직업군

상업계통, 벤처, 청부업, 중개업, 개인사업, 금융업, 기업가, 마케팅, 무역, 대형상사, 인테리어, 토목건설, 미용, 부동산, 생산, 소규모 사업, 스포츠, 여행사, 연극, 유흥업, 음식점, 의약 재료, 임대업, 축산업, 투기사업, 투자 산업, 도박, 증권, 홈쇼핑, 화장품 등

• **정재**는 '바를 정'을 써서 '똑바른 재물의 성향'이라고 해석합니다. 착실하고 고정된 수입, 다복, 정직, 안정된 생활, 부지런하며 부드럽고 성실함이 정재의 키워드입니다. 정재는 기본적으로 내 소유의 재물과 여자를 향한 성향입니다. 번영, 자산, 신용을 의미하고 복록과 길상을 나타냅니다. 정재는 성실하게 노력한 대가로서 받는 보수, 장사나 기업 활동을 통해 얻는 정당한 이윤 등에 해당합니다. 투기성이 있는 일은 손대지 않으려는 경향이 있으며 소심하고 치밀해 실수가 적은 타입입니다. 모든 일에 순서가 명확하고, 업무 수행에 차질이 적습니다. 인품이 고고하여 거짓된 언행이나 투기와 도박을 하지 않는 편입니다. 수리와 계산에 밝아 회계나 경리, 기획 등의 분야에서

탁월한 면모를 보입니다. 신용과 약속을 어기는 일이 없으며, 사정이 있어 약속을 지키지 못할 경우엔 꼭 미리 연락이라도 하거나 해명을 할 정도로 빈틈이 없습니다. 공사가 분명하고 부당한 재물이나 노력한 대가 이상의 수입을 원하지 않으며, 성실하게 일하고 규칙을 정확하게 지킵니다. 허례허식이나 낭비가 없이 근면, 검소, 절약, 저축을 생활신조로 가계를 꾸리며 부모에게는 효도하고 사회에 이바지하는 타입입니다. 인색한 것같이 보이지만 합리주의자로 보는 것이 옳습니다. 대인관계도 원만하고 가정에서도 좋은 남편이 될 수 있는 선천적인 자질을 타고난 사람입니다.

정재에 어울리는 직업군

재정공무원, 건축업, 경리직, 공무원, 교사, 사업가, 중소기업사장, 기업체 근무, 대기업, 대행업, 도매업, 무역업, 부동산, 인증, 사무직, 생산 제조업, 세무사, 신용사업, 은행가, 회계사, 일반 회사원, 임대업, 특허, 학원사업, 법률가 등

관성(편관과 정관)

• • • • • • •

• 편관과 정관을 합쳐서 **관성**이라고 부릅니다. 관성의 관(官)은 벼슬, 관청, 기관, 직무 등을 뜻합니다. 여자에게는 이성 배우자, 즉 남자의 키워드이기도 하며, 남자에게는 자식의 키워드이기도 합니다. 관성은 나를 극하는 오행, 즉 내 미니미를 극하는 색깔의 카드를 말합니다. 나를 극한다는 말은 곧 나를 제어하려는 기질이라고 보면 됩니다(특히 공무원, 경찰관, 군인, 판사 등이 되려면 나를 제어하는 능력이 있어야 되지 않겠습니까?).

반대로 관성이 아예 없는 무관성인 사람이 '식상(식신, 상관)'까지 갖고 있다면 '가출, 하극상, 조직생활 불가'의 키워드가 됩니다!

• 월지가 관성으로 편관인 경우는 군인, 검찰, 경찰 등 무관 계통이, 정관인 경우에는 행정학의 문관 계통이 바람직합니다.

• 편관격인 사람은 경찰, 군인, 검찰 등 무관 직업이나 기술 방면 또는 예술 분야가 좋습니다.

• 정관격인 사람은 공무원 등 문관 계통의 직업이 적절하고, 정재와 정관

의 균형이 맞으면 재무 계통의 고위직도 어울립니다. 정인과 정관이 조화되면 정치가로 성공도 가능합니다. 식신과 정인 그리고 정관 등이 서로 길하면 학계에서 고위직도 할 수 있습니다. 정관격은 기업체뿐 아니라 편관격에 어울리는 군과 경찰 등의 기획 등 참모로 활동할 수도 있습니다. 오행별로 구체화해보면 목(木)의 정관은 행정 및 사법기관의 총무기획 분야에 좋습니다. 화(火)의 정관은 문화, 교육, 예술 분야 관리에 좋습니다. 토(土)의 정관은 농림, 토목 계통 관리에 좋습니다. 금(金)의 정관은 무관, 예악, 재정, 경제 분야 관리에 좋습니다. 수(水)의 정관은 상공업이나 지능적 업무, 수산업, 자유업의 관리에 좋습니다.

• **편관은** '편식' 할 때의 '편'을 써서 '치우친 관직'으로 해석합니다. 편관의 별명이 있는데 바로 '칠살'입니다. 이는 일간을 못살게 군다는 뜻으로 투쟁, 흉폭, 고집, 무력, 타인 무시, 엄격한 잣대, 조급함, 통제력, 완강, 자기주장 강함, 출세, 권력, 의리, 직장, 규율, 조직, 권위, 명예, 안하무인, 순종 거부의 키워드입니다. 관용을 베푸는 아량이 부족하고, 권모술수에 능한 기질도 있을 수 있습니다. 특정한 목표를 달성하기 위해 허세나 허풍이 있을 수 있고, 수단 방법을 가리지 않는 잔인함도 포함합니다. 새로운 일을 추진하는 모험심이 강하고, 위엄이 있고 당당한 면모를 보입니다. 편관이 강한 경우 무관이

나 법조계 등 강한 직업에 능력을 발휘하기도 합니다. 구체적으로는 임시직, 외무직, 군인, 경찰, 검찰, 사법 계통, 교도관, 의사 등의 직업과 연결됩니다. 편관은 성격이 과격하고 급하며, 시비가 잦아 곤경에 처하는 경우도 많습니다. 타협보다는 억압이나 반항의 기질이 나타나기 쉬워 난폭한 면모도 보일 수 있으니 주의해야 합니다.

편관에 어울리는 직업군

간호사, 검사, 검찰 공무원, 경찰, 경호원, 관공서, 교도관, 군무원, 군인, 정부요직, 감사직, 기술직, 별정직, 사법부 공무원, 선출직 공무원, 노동운동가, 수영장, NGO, 외교관, 운수업, 유흥업, 의사, 정치인, 종교 지도자 등

• **정관은** '바를 정'을 써서 '똑바른 관직'으로 해석합니다. 법과 질서, 시스템, 관청, 직장, 규율, 조직, 엄격한 잣대, 명예, 신용, 정의, 통솔의 키워드입니다. 정관은 정직하고 근면 성실해 공명정대함의 대명사라 할 수 있습니다. 품위 있고 예의가 바르며 정직한 성품으로 누구에게나 인정을 받고, 모범적인 생활을 합니다. 정관은 명예나 승진, 능력 등을 의미하기도 합니다. 타인의 인정을 받으며, 총명하고 대인관계가 원만합니다. 대체로 자존심이 강하고 원칙에 충실하며, 정직하면서도 결단력이 있습니다. 공무원이나 학자, 사

법관 등에 정관이 강하게 나타납니다. 관은 실제로 관직을 의미하는데, 나라의 녹을 먹는 관리의 키워드입니다. 무언가를 관리하고 통제하는 역할을 의미하기도 합니다. 편관이 경쟁을 좋아하고 감정적이라면, 정관은 원칙을 중시하고 보다 합리적입니다. 편관이 앞서가며 저질러놓은 것들을 수습하고 정리하는 것이 정관의 힘입니다. 관성은 본디 자신보다 타인을 배려하는 성향입니다. 그래서 관성이 발달한 사람은 공동체 생활이 잘 맞습니다.

정관에 어울리는 직업군

강사, 경찰, 공무직, 관공서, 교사, 교수, 교육자, 군인, 법관, 비서, 사법계, 양복점, 양품점, 위탁관리업, 은행, 의약계, 일반 공무원, 지배인, 총무직, 통계, 학자, 행정직, 사법, 정치, 사무직, 회사원 등

인성(편인과 정인)

• • • • • • •

• 편인과 정인을 합쳐서 **인성**이라고 부릅니다. 인성의 인은 '도장 인'입니다. 그러므로 인(印)성 하면 '인(印)세 받는 사람'을 딱 떠올리면 쉽습니다. 인성은 출판, 문서, 매매, 계약, 합격, 취업 등의 키워드입니다. 인성은 나를 생하는 오행, 즉 내 미니미를 생하는 색깔의 카드를 말합니다(도장 찍고 사인하는 것은 결국 나를 돕는 일이 된다고 생각하면 쉽습니다).

• 월지가 인성으로 편인인 경우는 의학, 공학과 예술 계통이, 정인인 경우는 의학, 윤리, 교육 계통이 좋습니다.

• 편인격 사람은 의사, 역술인, 결혼상담소 또는 인생상담소 등 정신적 고민을 해소해주는 업무가 제격입니다. 기술 및 체육 계통, 예술 계통, 기자, 프로듀서, 아나운서, 작가 등 언론 계통도 좋습니다.

• 정인격 사람은 문화, 학술, 예술 계통과 교육자가 제격입니다. 정인에 편인이 같이 있으면 지적인 일에 어울리고, 정인에 정관이 균형되면 학자로 이름을 날릴 수 있습니다. 정인에 식상이 있으면 예술 계통이 적절합니다.

● **편인**은 '편식' 할 때의 '편'을 써서 '치우친 도장'으로 해석합니다. 편인은 비정규 계약, 사색, 고독, 종교, 철학, 인문학, 의학, 역학, 학문적 성향, 예술, 문서, 글쓰기, 부동산, 증권, 서류, 계약서, 이별, 고독, 파산, 편법, 벼락치기, 게으름, 창조적, 눈치 빠름, 처세술, 예술가적 성향, 학자적 기질의 키워드입니다. 널리 인정받는 영역이 아닌 치우친 영역에서의 학문이나 지혜를 뜻합니다. 영리하고 임기응변에 능해 재치와 기획력이 뛰어납니다. 좋아하는 분야를 파고들며 몰입할 때는 매력을 200% 발휘해, 한 가지 학문이나 기능에 몰두하여 그 분야의 달인이 될 가능성이 높습니다. 남과 다른 독특한 개성을 가지며 자신만의 색깔이 명확하고 극단적인 편이라 항상 튑니다. 타고난 끼와 재주가 있고 무언가에 빠지면 끝까지 파는 외골수라 전문가나 장인의 경지까지 올라갈 가능성이 있습니다.

철학적인 고민을 하며 완벽주의를 추구하니 주변에서 까다롭고 예민하다는 소리를 들을 수 있으며 대인관계에 주의가 필요합니다. 남을 잘 믿지 않고 남의 말에도 관심이 없습니다. 외로움을 많이 타며 부부간이나 가까운 사이에 갈등과 불화가 많을 수 있고, 엉뚱한 행동을 하기도 합니다. 순간적인 재치가 강해 일은 잘 벌이나, 마무리와 뒤끝이 약한 면모도 있습니다. 일반적인 사무직은 힘들고 특유의 끼를 발휘할 수 있는 독특한 분야에 어울립니다. 인성은 무언가를 만들어내는 것입니다. 역경을 이겨내고 위인이 되는 게 편인의 키워드입니다.

편인은 학자 타입이면서 어떤 한 분야에 독특한 재능과 끼가 있는 사람을 뜻합니다. 상대방에게 어필하는 능력이 좋고 표현력이 매우 강해 말도 설득력 있게 잘합니다. 비정규직 선생님에 어울리며, 새로운 종교를 창시할 수도 있습니다. 소설, 시, 희곡 등 자신의 내면세계를 표현하는 것을 매우 잘합니다. (치우친 영역의) 교사, 교수, 연구원에 적성이 맞습니다. 기획, 마케팅, 광고, 의사, 학자, 예술가, 연예인, 예능인, 아나운서, 배우, 운명가, 평론가 등의 편업에 종사하면 발전할 수 있습니다.

편인에 어울리는 직업군

가이드, 고고학, 골동품, 교육계, 기술, 디자인, 무속인, 보석, 부동산, 서비스업, 소개업, 소설가, 식료품, 어문학자, 언론, 여행사, 치우친 예술, 영화배우, 임상병리 연구가, 작사가, 작곡가, 의사, 고전학, 문필가, 철학, 무속인, 역술인, 운수업, 인테리어, 제관, 제사, 종교인, 중개업, 출판, 평론가 등

• **정인**은 '바를 정'을 써서 '똑바른 도장'으로 해석합니다. 고전 명리학에서는 정인을 '인수'라고도 합니다. 자상, 다정하고 인자하며 원만하고 군자의 풍모가 있습니다. 정인은 정규 계약, 진리 탐구, 철학, 종교, 역술, 학문적 성

향, 예술, 문서, 글쓰기, 부동산, 증권, 서류, 계약서, 지혜, 단정함, 덕성, 타인의 존경, 착실함, 성취의 키워드입니다. (일반적인 영역의) 교사, 교수, 연구원이 적성에 맞습니다. 널리 인정받는 영역에서의 교육과 학문 등을 뜻합니다. 문서 계약 사기나 부도, 자녀 문제를 조심해야 합니다.

정인에 어울리는 직업군

유치원 선생님, 강사, 교사, 교장, 교감, 교수, 학원장, 재단 이사장, 교육계, 교육업종, 민속학, 번역, 사학, 설계기사, 소설가, 시인, 어문학, 언론계, 응용미술, 인류학, 인쇄, 일반 예술, 작가, 정치, 종교, 출판, 컴퓨터, 통역, 행정직 등

11

대운, 세운, 월운 보는 법

이제, 대운과 세운 및 월운을 알아봅시다.

특히 대운이라는 말을 사람들이 많이 오해합니다. "앗싸! 올해 대운이 들어왔다!" 식으로요. 일종의 '대박'이라고 여기는 거죠. 그러나 대운이란 그저 '10년 단위의 운의 흐름', 즉 거시적인 운의 흐름을 말합니다. 그리고 세운은 1년 단위의 운의 흐름, 즉 미시적인 흐름을 말하죠. 그러니 사실 우리와 더 가까운 느낌은 세운이겠죠. '올해의 운은 어떨까?' 하는 거니까요.

대운: 10년 단위의 운의 흐름   sajuplus.net

'70	'60	'50	'40	'30	'20	'10	'00	'90	'80	
비견	겁재	식신	상관	편재	정재	편관	정관	편인	정인	태
병	정	무	기	경	신	임	계	갑	을	정
자	축	인	묘	진	사	오	미	신	유	축
정관	상관	편인	정인	식신	비견	겁재	상관	편재	정재	
91	81	71	61	51	41	31	21	11	1	

클릭하면 다음 10년으로 바뀜

★ 육친, 간지 등을 누르면 설명을 보실 수 있습니다.

일례로 그림을 보면, 사주의 주인공은 2020년부터 2029년까지 '신사'의 운이 사주를 지배하게 됩니다. 10년간 말이죠. 그 다음 10년은 '경진'이 운을 지배하게 될 것이고요.

세운: 1년 단위의 운의 흐름

'29	'28	'27	'26	'25	'24	'23	'22	'21	'20	
상관	식신	겁재	비견	정인	편인	정관	편관	정재	편재	년
기	무	정	병	을	갑	계	임	신	경	
유	신	미	오	사	진	묘	인	축	자	▼
정재	편재	상관	겁재	비견	식신	정인	편인	상관	정관	
50	49	48	47	46	45	44	43	42	41	

★ 나이, 체크표시 등을 누르면 대, 세, 월운이 변경됩니다.

클릭하면 해당 해의 월운으로 바뀜

월운: 1개월 단위의 운의 흐름 *양력기준

12월	11월	10월	9월	8월	7월	6월	5월	4월	3월	2월	1월
식신	겁재	비견	정인	편인	정관	편관	정재	편재	상관	식신	겁재
무	정	병	을	갑	계	임	신	경	기	무	정
자	해	술	유	신	미	오	사	진	묘	인	축
정관	편관	식신	정재	편재	상관	겁재	비견	식신	정인	편인	상관
√	√	√	√	√	√	√	√	√	√	√	√

★ 육친, 간지 등을 누르면 설명을 보실 수 있습니다.

나의 도로에 푹 패인 싱크홀이나 압정 등이 존재하는가?

• • • • • • •

다음으로 세운을 봅시다. 앞 그림 사주의 억부용신(보약)이 목, 화라고 할 때, 올해인 2021년 신축년의 색깔을 보면 흰색과 노란색이니 목, 화와 전혀 안 맞죠. 따라서 이 사람의 올해 운세는 도로로 치면 '비포장도로'일 확률이 높습니다. 또한 어떤 십신이 들어오는지도 중요합니다. 그림에서 2021년을 보면 위쪽에 '정재'가 있고 아래에 '상관'이 있는데요, 시절 운에서 십신을 만나면 어떻게 해석하면 되는지 다음의 설명을 참고하세요.

• **시절 운에서 비겁을 만났을 때의 해석**

  - 나에게 비겁의 기질이 추가됩니다(사주에 비겁이 아예 없는 사람은 시절 운에서 비겁이 들어올 때를 잘 이용하면 됩니다).

  - 부모, 형제, 친구, 동료 등 주변 사람으로부터 도움을 받거나, 피해를 입거나, 재물과 직업운이 상승 또는 하락합니다.

  - 투자, 거래, 승부 등에서 성공 또는 실패할 수 있으며, 시비, 구설, 다툼, 쟁투 등이 생길 수도 있습니다.

- **시절 운에서 식상을 만났을 때의 해석**

  - 나에게 식상의 기질이 추가됩니다(사주에 식상이 아예 없는 사람은 시절 운에서 식상이 들어올 때를 잘 이용하면 됩니다).

  - 의식주가 안정되거나 줄어듭니다.

  - 생각의 변화가 일어나거나 새로운 일을 하려는 기운이 생깁니다. 특히 상관의 기운이 들어오면 윗사람과 다툼의 기운이 강해집니다.

  - 재산(동산, 부동산)이 늘어나거나 줄어듭니다.

  - 건강이 좋아지거나 나빠집니다.

  - 고전 명리학에서는 '여자가 자식을 갖거나 자식이 발전하거나 자식으로 인한 근심이 있다' 등으로도 해석합니다.

- **시절 운에서 재성을 만났을 때의 해석**

  - 나에게 재성의 기질이 추가됩니다(사주에 재성이 아예 없는 사람은 시절 운에서 재성이 들어올 때를 잘 이용하면 됩니다).

  - 재물이 상승하거나 또는 하락합니다.

  - 이성 배우자나 연인과 좋은 인연을 맺거나 반대로 이성 배우자나 연인으로부터 고초를 겪을 수 있습니다(남자의 경우).

  - 편재의 경우 과감하거나 무모한 도전의 성향이 증가하고, 정재의 경우 안정적인

투자 및 도전 성향이 증가합니다.

• 시절 운에서 관성을 만났을 때의 해석

- 나에게 관성의 기질이 추가됩니다(사주에 관성이 아예 없는 사람은 시절 운에서 관성

  이 들어올 때를 잘 이용하면 됩니다).

- 직업운과 관직운이 상승하거나 하락합니다.

- 승진과 합격 또는 승진 실패와 불합격이 있을 수 있습니다.

- 건강 또는 수명에 이상이 있을 수도 있으니 조심해야 합니다.

- 조직 내 지위의 상승이나 명예와 관련된 키워드입니다.

- 관재수를 조심해야 합니다.

- 남자에게는 자식의 발전, 또는 자식으로 인한 근심을 의미하기도 합니다.

- 이성 배우자나 연인과 좋은 인연을 맺거나 반대로 이성 배우자나 연인으로부터

  고초를 겪을 수 있습니다(여자의 경우).

• 시절 운에서 인성을 만났을 때의 해석

- 나에게 인성의 기질이 추가됩니다(사주에 인성이 아예 없는 사람은 시절 운에서 인성

  이 들어올 때를 잘 이용하면 됩니다).

- 도장 찍을 일이 생길 확률이 높습니다(문서, 매매, 계약, 합격, 취업, 이사 등). 반면에

도장을 찍음으로 인해 불리한 일이 발생할 수도 있으니 주의해야 합니다.

- 선배, 상사 등으로부터 도움을 받을 수도 있지만 배신 또는 사기를 당할 수도 있습니다.

- 공부, 탐구, 연구, 분석 등의 기운이 강해집니다. 고집으로 인한 갈등이나 손해수를 조심해야 합니다.

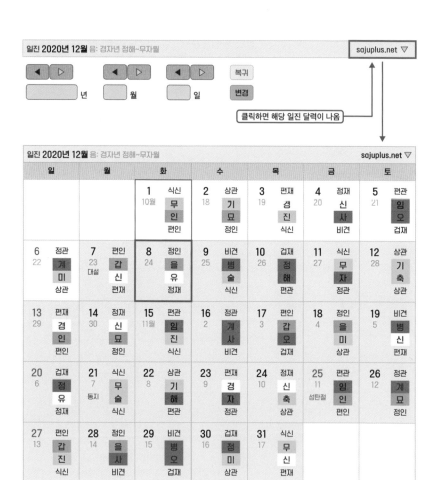

일진 2020년 12월 음: 경자년 정해~무자월   sajuplus.net ▽

일	월	화	수	목	금	토
		1 10월 식신 / 무 / 인 / 편인	**2** 18 상관 / 기 / 묘 / 정인	**3** 19 편재 / 경 / 진 / 식신	**4** 20 정재 / 신 / 사 / 비견	**5** 21 편관 / 임 / 오 / 겁재
6 22 정관 / 계 / 미 / 상관	**7** 23 대설 편인 / 갑 / 신 / 편재	**8** 24 정인 / 을 / 유 / 정재	**9** 25 비견 / 병 / 술 / 식신	**10** 26 겁재 / 정 / 해 / 편관	**11** 27 식신 / 무 / 자 / 정관	**12** 28 상관 / 기 / 축 / 상관
13 29 편재 / 경 / 인 / 편인	**14** 30 정재 / 신 / 묘 / 정인	**15** 11월 편관 / 임 / 진 / 식신	**16** 2 정관 / 계 / 사 / 비견	**17** 3 편인 / 갑 / 오 / 겁재	**18** 4 정인 / 을 / 미 / 상관	**19** 5 비견 / 병 / 신 / 편재
20 6 겁재 / 정 / 유 / 정재	**21** 7 동지 식신 / 무 / 술 / 식신	**22** 8 상관 / 기 / 해 / 편관	**23** 9 편재 / 경 / 자 / 정관	**24** 10 정재 / 신 / 축 / 상관	**25** 11 성탄절 편관 / 임 / 인 / 편인	**26** 12 정관 / 계 / 묘 / 정인
27 13 편인 / 갑 / 진 / 식신	**28** 14 정인 / 을 / 사 / 비견	**29** 15 비견 / 병 / 오 / 겁재	**30** 16 겁재 / 정 / 미 / 상관	**31** 17 식신 / 무 / 신 / 편재		

108

그림에서처럼 플러스 만세력의 '일진'이라는 부분에서 해당 버튼을 클릭하면 일진 달력이 나옵니다. 그림을 보시면 알겠지만 각 날짜마다 두 글자씩이 적혀 있고, 각각 색깔도 제시되어 있습니다. 일진을 볼 때도 앞에서 설명한 것과 똑같은 방식이 적용됩니다.

예를 들어, 자신의 조후용신이 '임수'라면, 위 그림에서 '임'이 있는 날, 즉 5일, 15일, 25일 등이 '물때'라고 보시면 됩니다. 그리고 일례로 억부용신이 '목화'라면, 그림의 17일, 28일처럼 목화가 들어와 있는 날이 일진이 좋을 확률이 높습니다. 앞에서 여러분 각자 조후용신과 억부용신을 찾아보셨을 텐데요, 그걸 일진 보는 데도 적용하시면 됩니다.

12

합, 형, 충, 파, 해, 원진이란?

일지와 지지가 만나서 합을 이루는 글자들이 있고, 형, 충, 파, 해, 원진, 귀문을 이루는 글자들이 있습니다(다음 페이지의 도표를 참고하세요).

그 의미를 간략히 설명하자면, 합은 각각의 기운은 그대로 있고 플러스알파로 그 기운이 추가로 좀 더 생긴다고 해석하시면 됩니다. 일례로 "합이 들면 좋아요?"라고 묻는 사람이 많은데, 합이란 본인이 가지고 있는 기본적인 것에서 추가로 그 기운이 좀 더 생긴다는 정도지 큰 의미 부여는 할 필요가 없습니다.

다음으로 형, 충, 파, 해를 저는 '싱크홀과 압정'이라고 표현합니다. 뻥 뚫린 고속도로라도 싱크홀과 압정을 만나면 조심해서 운전해야 하듯이, 전체적인 운세가 고속도로처럼 쭉 뻗어 있더라도 일지와 지지가 만나 형, 충, 파, 해를 이루는 날에는 안전운전을 해야 한다는 의미입니다. 합과 형, 충, 파, 해에 대해서는 그냥 이 정도만 알아두셔도 충분합니다.

114, 115쪽 그림에서 보듯이 천간에도 마찬가지로 합, 충이 있습니다. 그냥 그렇다고 알아두시면 됩니다. 그림 중에서 '반합성립'은 세 글자가 만나야 합이 되는데 두 글자, 즉 절반만 만나도 합이 이루어진다는 의미 정도로만 알아두시면 됩니다.

마지막으로, 암합이라는 것이 있습니다. 이것 역시 자세히 알 필요는 없습니다. 천간에 나와 있는 네 글자와 지장간의 글자가 합을 하는 경우를 명암합이라고 하고, 지장간에 있는 글자들끼리 합을 하는 경우를 암합이라고 한다는 정도만 알고 넘어가시면 됩니다.

지지 ▼ 형/충/파/해/귀문/원진

형	인사신 삼형	축술미삼형		자묘	인사	사신	인신
	축술	술미	축미	진진	오오	유유	해해
충	자오	축미		인신	묘유	사해	진술
파	자유	축진		인해	묘오	사신	미술
해	자미	축오		인사	묘진	신해	유술
귀문	자유	축오		인미	묘신	진해	사술
원진	자미	축오		인유	묘신	진해	사술

(시절 운에서 합, 형, 충, 파, 해, 원진, 귀문의 조합)

일 지지	子	丑	寅	卯	辰
子		합		형	삼합
丑	합				파
寅					
卯	형				해
辰	삼합	파		해	자형
巳		삼합	형/해		
午	충	충/원진	삼합	파	
未	해/원진	충/형		삼합	
申	삼합		충/형	원진	삼합
酉	파	삼합	원진	충	합
戌		형	삼합	합	충
亥			합/파	삼합	원진

巳	午	未	申	酉	戌	亥
	충	해/원진	삼합	파		
삼합	해/원진	충/형		삼합	형	
형/해	삼합		충/형	원진	삼합	합/파
	파	삼합	원진	충	합	삼합
			삼합	합	충	원진
			합/파	삼합	원진	충
	자형	합			삼합	
	합				파/형	삼합
합/파						해
삼합				자형	해	
원진	삼합	파/형		해		
충		삼합	해			자형

천 간 합	갑기 합 土		을경 합 金	
천 간 충	갑 경	을 기	을 신	병 임

지지삼합 (반합성립)	해묘미 합 木		인오술 합 火
지지방합 (반합성립)	인묘진 木국		사오미 火국
지지육합	자축 합 土	인해 합 木	

병신 합 水		정임 합 木		무계 합 火	
갑 무	정 계	기 계	병 경	무 임	정 신

		사유축 합 金		신자진 합 水	
		신유술 金국		해자축 水국	
합 火	진유 합 金		사신 합 水	오미 합 火	

13

사주 전체와 시절 운에서 신살의 특징

• 겁살 •

겁탈의 뜻으로 겁재의 의미와 비슷합니다. 탈재, 겁탈, 낭비, 손재, 도난, 파산, 범죄 등의 의미가 있습니다. 겁살은 자기의 의사와는 상관없이 '빼앗길' 확률이 있다고 봅니다. 이 살이 끼면 겁탈, 재물 손실을 당할 수 있습니다. 또한 노력에 비해 결과가 미미하고, 관재구설에 말려들 수도 있습니다. 이 살이 흉하게 작용하면 커다란 재앙이 따라오지만 길하게 작용하면 오히려 내가 빼앗아 와서 대부대귀하게 됩니다. 겁살이 천을, 천덕, 월덕귀인 등의 귀인과 같이 있으면 꾀가 많고 머리가 좋다고 봅니다. 겁살이 길하게 되면 총명하고 권위가 있으며, 새주가 뛰어나거나 횡재합니다.

남자 복이 박한 편이고, 늦게 결혼을 하는 게 좋습니다. 남자에 얽매이지 말고 사회생활을 하며 활동적으로 지내는 게 좋습니다.

부부 갈등. 일명 홀아비살.

공망은 일주를 기준으로 정하는데, 예를 들어 갑자일에 대한 공망은 술, 해가 됩니다.

갑	을	병	정	무	기	경	신	임	계	-	-
자	축	인	묘	진	사	오	미	신	유	술	해

위에서 보듯 갑자 일주의 경우 짝이 안 맞는 지지가 술, 해가 되는데, 이것을 공망이라고 합니다.

갑자, 을축, 병인, 정묘, 무진, 기사, 경오, 신미, 임신, 계유 ➜ 술, 해가 공망

갑술, 을해, 병자, 정축, 무인, 기묘, 경진, 신사, 임오, 계미 ➜ 신, 유가 공망

갑신, 을유, 병술, 정해, 무자, 기축, 경인, 신묘, 임진, 계사 ➜ 오, 미가 공망

갑오, 을미, 병신, 정유, 무술, 기해, 경자, 신축, 임인, 계묘 ➜ 진, 사가 공망

갑진, 을사, 병오, 정미, 무신, 기유, 경술, 신해, 임자, 계축 ➜ 인, 묘가 공망

갑인, 을묘, 병진, 정사, 무오, 기미, 경신, 신유, 임술, 계해 ➜ 자, 축이 공망

공망일에 중요한 일을 추진하면 일이 풀리지 않거나 꼬이기 쉽다고도 하고, 사주원국에 공망이 있으면 무슨 일을 해도 잘 안되고 채워도 허전하고 공허하다고 해석히기도 하는데, 공망 자체를 무시하는 명리학자도 많으니 참고하세요.

• 과숙살 •

일명 과부살.

• 관귀학관 •

학창 시절에는 공부를 잘하며 총명하고, 사회생활이나 직장에 접어들어서는 승진과 출세가 다른 사람보다도 빨라서 많은 이에게 선망의 대상이 되는 길성입니다.

• 괴강살 •

'괴수 괴, 우두머리 괴', '북두칠성 강'의 뜻입니다. 대장 격이고 리더 격입니다. 하지만 남을 힘들게 하거나 파괴할 수 있는 살입니다. 운동선수, 경찰, 군인, 조폭의 사주라고 보기도 합니다. 특히 일주에 괴강은 보스 기질이 강해 극과 극의 삶을 살기도 합니다. 활인하고 적덕(積德)하는 일을 해야 신상에 액을 면할 수 있습니다.

•귀문관살•

귀문관살은 변덕과 까다로움으로 히스테리를 피우는 스타일로 옆에 있는 사람이 힘들어지는 살입니다. 특정한 일에 집착하거나 편중된 행동을 하기 쉬우며, 심할 경우 부부간에 갈라설 가능성이 있습니다. 직접적으로는 종교세, 철학, 무속 계통에 종사할 가능성이 높습니다. 감수성이 발달되어 있고 끼가 있습니다. 귀문관살은 역학적으로 표현해 '나쁜 기운이나 귀신이 사람 육신의 문에 해당하는 머리로 들어와 빗장을 걸어 잠근다'라고 하기에 나쁜 영향을 주는 살이라고 일반적으로 알려져 있습니다. 귀문관살은 선천적으로 타고난 사주원국에 음양의 기운이 편중된 상황으로 이해하면 보다 이해가 쉽습니다. 그러므로 사주의 기운이 편중되거나 귀문관살을 가진 사람의 경우는 대체로 '괴짜, 4차원, 두뇌 명석, 특별한 정신 능력, 편집적인 집중력 소유자, 집착성'의 특성을 가질 뿐만 아니라 한 가지 일에 꽂히기 쉬운 성격의 소유자라고 할 수 있습니다. 긍정적으로 발휘되면 한 곳을 집중적으로 파고드는 몰입에 강하고, 부정적으로 발휘되면 열등감과 우울증으로 나타날 수 있습니다.

금여는 금으로 만든 수레라는 뜻으로 부귀와 이름을 드높이 날리는 귀성입니다. 금여성은 보편적으로 해석할 때 인덕이 있어 어려움이 생겨도 주위의 도움이 있을 것이며, 머리가 영리하므로 고급 기술 등으로 사회적으로 크게 성공할 수 있다고 봅니다. 금여는 황족이나 귀족들의 사주에 많이 나온다는 풍문이 있고, 자기 조상 중에 누군가 훌륭한 공을 세우거나 적선을 많이 하여 그 대가로 내가 힘들 때 나를 돕는 손길이 있을 수 있다는 의미를 지닙니다. 행복과 부귀의 복을 타고났음을 의미하며, 발명이나 기술 창업 등으로 성공이 따를 수도 있습니다. 금여가 사주 중에 있고 사주의 구성이 좋으면 단정하고 결혼 운이 좋아 행복하게 살아갑니다. 남자는 발명을 잘하는 재주가 있습니다. 특히 일, 시에 금여가 있으면 말년이 편안합니다. 성격이 온순하고 다정다감하며 재치가 있고 용모가 단정합니다. 또한 영리하고 총명하여 발명가가 되기도 하며 출세 운도 좋아 많은 사람들의 존경을 받습니다. 남녀 모두 좋은 배우자를 만나 백년해로하며 살게 됩니다. 금여가 시주에 있으면 평생에 지인들의 도움을 받고 편안히 지냅니다.

• 급각살 •

교통사고나 낙상사고 등을 주의해야 합니다. 특히 팔, 다리의 부상을 주의해야 합니다.

• 도화살 • (연살)

'복숭아 도', '꽃 화'의 뜻입니다. 향기로운 복숭아꽃에는 항상 벌레가 몰립니다. 다른 말로 육패살, 함지살, 연살이라고도 하는데, 도화살이 있는 사람은 주변 사람들을 끌어당기는 매력이 있습니다. 화려하고 아름다운 것을 좋아하며 인기나 관심을 기반으로 하는 연예인 살입니다. 옛날에는 도화살을 부정적으로 봤지만 지금은 아닙니다. 연예인이나 인기를 기반으로 살아가려면 도화살이 있어야 합니다. 정치인도 마찬가지입니다. 도화살이 있는 정치인에게는 이성들의 표가 쏟아집니다. 받은 것도 없이 왠지 끌리는 것이죠. 가만히 있어도 자연스럽게 풍기는 끼와 매력으로 여러 사람에게 호감을 심어주고 유혹하는 능력이 있습니다. 인기로 먹고사는 연예인들이 특히 많이 갖고 태어납니다. 하지만 예로부터 도화살이 있는 사람은 남녀 간의 문제로 인한 가정파탄, 패가망신이 따를 확률이 높다고 보았으므로 항시 경계해야 합니다. 십이운성의 목욕과 함께 있으면 확률은 더 올라간다고 봅니다. 도화는 예쁘기 때문에 오히려 그 안에 살기를 머금고 있습니다. 사주팔자에 도화살이 있으면 이성이 시도 때도 없이 달라붙는다고 해서 예로부터 도화살 낀 여자나 남자는 이성 때문에 시달린다고 봤습니다. '물 묻은 바가지에 깨 달라붙듯이 달라붙는다'라는 옛말이 그것입니다. 도화는 잡아당기고 끌어당기고 매료시킵니다. 이 매료시키는 힘이 오히려 자기를 망가뜨리는 힘으로 작용할 수도 있으니, 결국 도화의 힘을 어떻게 쓰느냐가 관건입니다. 그러므로 지성을 겸비해야 합니다. 지성이 결여된 도화살은 문제가 발생되기 쉽습니다. 이성 문제로 시끄럽고 어지러운 일을 겪을 수 있습니다. 지성을 갖춘 도화살은 성공의 밑거름이 됩니다.

• 망신살 •

망신살의 긍정적 의미로는 신체가 노출된다는 뜻이니 크게 인기를 끌게 된다고 해석하기도 합니다. 파군살이라고도 하며, 패가망신, 실패, 호색, 여난(여자로 인한 문제), 횡재, 구설, 손재, 노출, 불명예, 망신, 부정행위, 범법, 불륜 등의 암시가 있습니다. 망신이 길하게 되면 외모가 준수하고 위엄과 모략이 있어 계산이 신묘하고, 언사에도 능하고 장년에는 인기가 상승하고 발전하며, 또한 필력과 문장력이 좋습니다. 하지만 술이나 이성문제 등 도덕적이지 못한 일로 남의 입에 오르내려 망신을 당할 수 있으니 항시 유념해야 합니다. 망신살이 들면 공연한 일로 관재구설에 올라 경찰서나 법원을 가게 되고, 몸이 상하거나 금전적으로 손해를 입게 된다고 하며, 부모, 형제, 부부간의 불화로 인해 고독한 삶을 살 수도 있습니다. 하지만 망신살과 같은 신살은 사주풀이의 부수적인 역할을 할 뿐, 그 영향력이 강하다고 할 수 없어 크게 걱정할 필요는 없습니다. 자신의 사주에 이런 살이 있고, 이런 영향을 미칠 수 있으니, 미리 알아두고, 이를 경계하고 대비하여 원만하게 넘어가면 된다는 말입니다. 만나는 사람마다 진심으로 대하고, 자신의 잘못을 인정하고, 책임질 줄 알며, 부족한 점을 채우려 노력하면 망신살을 벗어날 수 있을뿐더러 주위 사람들에게 인정받고, 사랑받는 사람이 될 수 있습니다.

● 문곡성 ● (문곡귀인)

학자적 기질, 예술적 감각, 교육자적 기질, 인문계적 성향, 예체능과 연구, 개발에 탁월한 재능이 있습니다. 자신의 능력으로 크게 이름을 떨칠 수 있습니다. 예술가, 문예가, 프로그래머, 연구가 등 재능도 필요하지만 꾸준한 노력 또한 필요한 분야에서 더욱 빛이 납니다. 순수학문이 아닌 예술 분야의 학문에서 두각을 나타내는 길성입니다. 이론을 이미지로 구체화하는 데 뛰어나며 발군으로 문학적 영감이 발달해 있습니다. 예능 및 창조적 기예와 학문적 창의력이 우수합니다. 문곡이 있으면 학문에 흥미가 많고 예술적 기예 또한 발전하여 창의적 재능을 발휘합니다. 문곡이 있으면 다독하며 학자, 문학가, 예술인 등의 교육적 직업이 적성에 맞습니다. 학문을 보필하는 길성입니다. 학업에 진도가 남다르게 빠른 사람이니 적은 노력으로 많은 공부를 해낼 수 있는 복과 힘이 있습니다. 지혜를 지닌 사람이며 문장력과 기억력이 좋습니다.

고려 때 한 사신이 밤에 시흥군(始興郡)에 들어오다가 큰 별이 민가에 떨어지는 것을 보고 사람을 시켜 알아보게 했더니 한 아이가 태어났다고 했다. 그 아이가 강감찬이었는데, 나중에 송나라 사신이 강감찬을 보고 나서 자신도 모르게 두 번 절하면서 "문곡성(文曲星)이 오랫동안 보이지 않더니 지금 여기에 있다"라고 했다.

- 《신증동국여지승람》 권10 〈경기(京畿)금천현(衿川縣)〉

서울 지하철 2호선을 타고 가다 보면 낙성대역이 나옵니다. 관악구 봉천

동에 위치한 낙성대(落星垈)는 이름 그대로 별이 떨어진 곳이라는 의미입니다. 강감찬 장군의 어머니가 반짝반짝 빛나는 별이 품속에 살포시 떨어지는 태몽을 꾸고 아이가 태어난 날에도 집에 별이 떨어졌다고 하는데, 그 별이 바로 문곡성입니다. 이 별은 북두칠성의 일곱 별 가운데 넷째에 해당하는데, 문학과 재물을 관장하는 별입니다. 《천문류초(天文類秒)》에는 임금의 명령이 순리에 맞지 않아 하늘의 도리를 밝히지 못하면 문곡성이 어두워진다고 했습니다. 문곡성이 우리나라에서 강감찬 장군이 되었다면 중국에서는 판관 포청천(包靑天)이 되었습니다. 중요하고 큰 별이 사람이 된다고 하는 이야기는 흔한 편입니다. 북두칠성 옆에 있는 문창성(文昌星)은 문학을 관장하는 별입니다. 그래서인지 문창성의 기운을 받고 태어난 인물들이 많습니다.

• 문창성 • (문창귀인)

학자적 기질과 학업운이 있습니다. 문예, 창작, 연극, 영화, 예술, 예능, 문학가, 화가, 과학자 등과 관련이 있고, 문창성이 있는 아이에게 글짓기나 독서를 꾸준히 시키면 크게 빛을 발합니다.

• 반안살 •

말 위에 앉아서 호령한다는 뜻입니다. 높은 사람이 될 수 있다는 뜻이기도 하지만, 절대로 교만해서는 안 됩니다. 그렇게 되면 오히려 내게 살로 돌아옵니다. 승진, 출세, 자격증, 학위, 부의 상징입니다.

• 백호살 •

흰 호랑이에게 물려간다는 뜻입니다. 예전에는 호랑이가 제일 무서운 존재였습니다. 집 안에만 있는 얌전한 사람이 호랑이에게 물려갈 확률이 높을까요, 밤이고 낮이고 대범하게 산으로 들로 나다니는 사람이 호랑이에게 물려갈 확률이 높을까요? 백호살이 있는 사람은 그만큼 큰 수술이나 교통사고의 위험이 있고, 부부간에 불화할 확률도 높습니다. 백호살을 극복하려면 항시 수양하는 마음으로 겸손하게 지내고 음덕을 쌓아서 살을 피해야 합니다. 긍정적으로 해석할 때는 백호와 같은 용맹함과 배짱과 배포가 큰 사람들의 성격과 기질적 특성을 상징합니다. 따라서 사람됨이 늠름하며 남자다운 기상과 패기를 가진 사람이기도 합니다. 백호살을 타고난 사람들은 대체로 사업에서 성공하거나 정치판에서 두각을 드러내어 성공한 경우가 많습니다. 지배당하기를 싫어하고, 자유롭고 독립적인 경향이 강하고 명예와 성취 욕망이 큰 경향이 있습니다. 믿고 맡겨두면 스스로 능력을 발휘하는 성격입니다. 다만 백호살은 욱하면서 호랑이처럼 폭발하는 기질이 있어, 자신과 주변에 사건 사고가 안 나도록 마음을 잘 다스려야 합니다. 옛날에는 호랑이를 만나는 것이 가장 큰 두려움이었으니 무서움의 대명사인 호랑이를 가져다 이름 붙여진 살로, 피를 보게 된다는 의미입니다. 일주의 백호살은 사고나 부부 불화 가능성이 있습니다. 백호살이 공망과 동주하면 액땜을 하는 격이라 살을 피할 수 있다고 봅니다.

• 비인살 •

집념의 칼을 차고 있는 것으로 동기의 자극제가 되어주기도 합니다. 또한 상당한 카리스마를 뿜어 매력을 발산하기도 합니다. 비인살은 도박이나 게임 같은 일에 열을 올려 한 번 빠지면 앞뒤를 가리지 않습니다. 무슨 일이나 열심히 하기 쉬우면서도 싫증을 잘 느끼거나 추진하는 힘이 약하여 지속성이 없고 모험을 좋아하다가 파산을 하기도 하고 또는 일시적으로 성공을 해도 오래가지 못하는 결점이 있습니다.

항시 귀인의 도움이 있습니다. 암암리에 누군가가 도와준다는 뜻입니다.

'양 양', '칼날 인'의 뜻입니다. 칼을 휘둘러 타인을 상하게 할 수 있으며 동시에 자신도 상할 수가 있으므로 대부분 독선, 폭력적인 특성이 나타나게 되며 욱하는 성격이 강합니다. 성급하며 난폭하고 불굴의 의지가 있어 의사나 열사 스타일입니다. 양인살을 극복하려면 항시 수양하는 마음으로 음덕을 쌓아서 살을 피해야 합니다.

돌아다니는 성향, 또는 돌아다녀야 하는 성향입니다. 직장 내 근무지 이동이나 해외 출장, 해외 업무 등도 포함됩니다. 무역업이나 여행업자 또는 운동선수나 연예인 등에게는 오히려 필요한 살입니다.

• 육해살 •

육해살은 병고, 재산 탕진, 가난, 형벌, 생사별, 사망 이렇게 6가지 해로운 것을 말합니다. 나를 해치는 살이며, 되는 일이 없게 만드는 살입니다. 고되고 잔병치레를 겪거나 금전적 손실의 가능성이 있습니다. 육해살은 착한 사람에게 많다는 속설이 있으며, 그 부모는 육해살을 가진 자녀로부터 효도를 받는다고 보기도 합니다.

• 원진살 •

원망하고 화낸다는 뜻으로 남과 원수처럼 지내게 만드는 살입니다. 하지만 쉽게 헤어지지 못하는 기이한 인연이기도 합니다.

• 월공 •

하늘에 뜬 달이라는 뜻입니다. 무대 위에 서는 기운인데, 무대에서 남들의 주목을 받는다는 것은 결국 내 몸이 노출됨으로써 환호를 받을 수도 있지만 반대로 안 좋은 일을 당할 수 있거나 까딱 잘못하면 망신을 당할 수도 있으니 항시 경계하는 마음이 필요합니다.

• 월덕귀인 •

조상의 도움이 있습니다. 흉은 감소시키고, 길함은 더욱 길하게 만듭니다. 천덕귀인과 함께 이덕귀인으로 불리는데 사주에 같이 있다면 매사 일이 술술 잘 풀리는 키워드로 해석합니다.

• 월살 • (고초살)

몸도 마음도 힘이 들어서 한 줄기 달빛이라도 비춰줬으면 하는 뜻입니다. 송사에 휘말릴 수 있습니다. 월살이 있는 사람은 심성은 착한 편이지만 신경질적이거나 감수성이 예민한 편이므로 타인의 사소한 말에도 날카롭게 대응하는 경우가 많으며 타협하지 않으려는 자존심이나 고집이 유난히 센 편입니다. 따라서 이런 독선적인 성향으로 인해 주변인들과 화합하지 못할 가능성이 높고 인덕이 따라주지 않을 가능성도 높습니다. 월살을 다스리기 위해서는 주변인들과의 적당한 타협, 그리고 이해관계를 둘

러싼 갈등에서 한 발자국 뒤로 물러나는 양보, 인내심, 인격 수양, 명상 등이 필요합니다. 고초살이라고도 하며, 도난, 고갈, 위축, 패배, 방해, 고초, 장애, 허풍, 실권, 불명예 등의 뜻이 있습니다. 정신적 고통이 있으며, 이성 문제와 가정불화 등을 암시하기도 합니다. 하지만 어두운 밤에 달빛은 힘든 상황에서 반사이익이 있을 수도 있는 법입니다.

• 음착살 • (양착살)

부부운이 나쁜 살. 이별수. 동주에 공망이면 흉을 피할 수 있다고 봅니다.

•장성살•

장성살은 군대를 통솔하는 장군을 지칭합니다. '내가 장군이다'라는 생각은 곧 교만과 연결되는 키워드이므로 반드시 겸손을 유지해야 하는 살입니다. 간절히 염원하던 꿈을 이루어 권위와 지위가 상승할 수 있게 도와준다는 살이기도 합니다. 총명하고, 정의로우며, 리더십이 강해 사회에서 인정받을 수 있지만, 자존심과 고집이 세며 고지식하고 융통성이 부족해서 자신을 보필해주는 사람을 잃게 되면 크게 실패하게 됩니다. 전쟁에서 장군이 병사의 신뢰를 얻지 못한다면 반드시 패하는 것과 같은 이치로 자신의 성공을 위해 다른 사람에게 해를 입히면 대성할 일도 실패로 돌아서게 됩니다. 따라서 장성살이 있는 사람은 자신이 하는 일에 대한 신념을 가지고, 끊임없이 노력해야 하며, 사람을 대하는 데 있어 유연하고 너그러워져야 합니다. 짧은 인연이라도 소중히 생각하고, 주위 사람들의 의견에 널리 귀를 기울일 줄 아는 포용력을 길러야 합니다. 모든 건 마음에 달려 있습니다. 길신도 마음이 흉하면 흉살로 바뀌고, 흉살도 마음이 길하면 길신으로 바뀝니다.

• 재고귀인 •

재물의 창고를 갖고 태어났다는 뜻입니다. 재물의 창고를 가지고 태어났으므로 반드시 그 창고를 털어가려는 자들이 나타나니 항시 경계하고 주의해야 합니다.

• 재살 •

재살은 감옥에 들어가는 수 또는 관재로 보기 때문에 수옥살이라고도 합니다. 감금이나 납치, 포로, 구속 등 감옥과 관련이 있는 살이며, 천재지변과도 연관되는 살입니다(천둥, 번개, 홍수 또는 교통사고 등). 재살을 이길 수 있는 사주이면 사법기관에서 근무하는 사주이나, 재살을 감당할 수 없는 사주라면 구속되거나 감금당하는 생활을 할 수 있는 사주입니다. 재살이 관살과 함께하면 구속될 수 있습니다. 재살이 있으면 꾀돌이고 총명합니다. 머리가 좋으므로 일류 대학에 갈 수 있는 자질이 있고, 매력이 있습니다. 한편으로는 재치도 있는 반면 잔인성도 있습니다. 연월주에 재살이 있으면 소송이나 관재(구속, 감옥)에 휘말리거나 사기를 당하게 될 가능성이 있습니다. 재살을 보유한 사람은 싸움이나 사기, 사고를 예방하기 위해 항상 신중한 태도와 조심스러운 태도로 살아가는 것이 좋습니다.

• 지살 •

'지'는 땅을 뜻하며, 부지런히 왔다 갔다 하는 살입니다. 이동수가 있으며, 돌아다녀야 오히려 귀인을 만나는 살입니다.

보이지 않는 곳에서 도와주는 기운이 작용하여 힘든 일이 생길 때마다 귀인이 나타나서 도와준다고 봅니다. 월덕귀인과 함께 이덕귀인으로 불리는데 사주에 같이 있다면 매사 일이 술술 잘 풀리는 키워드로 해석합니다. 길한 사주는 더욱 증폭시키고, 흉한 사주는 흉을 감소시키며 하늘의 은총을 받는다는 길성으로서 모든 악살을 풀어주고 나쁜 재액이 범하지 못하며 남에게 알려지지 않은 덕이 있고 어려움에 처했을 때 남의 도움을 받을 수 있습니다. 선조의 유덕이 있고 천우신조의 혜택이 많아 일체 재앙이 소멸한다는 길성입니다.

하늘 천, 그물 라, 땅 지, 그물 망. 하늘에도 그물, 땅에도 그물이란 뜻입니다. 세상 사람을 활인, 즉 살리기 위해 선택된 사람을 뜻합니다. 활인, 봉사에 관련된 직업을 가져야 합니다. 세종대왕, 이순신 장군 등이 대표적인 천라지망의 소유자입니다. 의사, 간호사, 한의사, 소방관, 복지사, 교사, 종교인, 경찰, 법관 등에 어울립니다. 천라지망이 흉하게 작용되면 하는 일마다 막힘이 있고, 관재구설, 사고, 이별 등이 있을 수 있으니 주의해야 합니다.

• 천문성 •

하늘의 뜻을 다른 사람에 비해 잘 판단합니다. 사람의 특성, 건강이나 적성, 개성 등을 잘 분석하고 읽어내는 재주가 있습니다.

• 천살 •

하늘이 내리는 벌이라는 뜻입니다. 주로 천재지변 등의 불가항력적 고통이나 괴로움과 관계됩니다. 하지만 모든 상황에는 음과 양이 있듯이, 이 살은 오히려 신분 상승의 기회가 되기도 합니다.

• 천을귀인 •

항상 주변에서 도와주는 사람이 생깁니다. 인덕이 많아서 어려움이 생겨도 주변의 도움으로 무난히 해결할 수 있습니다. 인덕을 쌓으면 반드시 필요한 순간마다 귀인의 도움을 받을 수 있습니다. 총명하고 지혜가 있으며, 흉사를 당해도 길함으로 바꿀 수 있는 덕이 있습니다.

• 천의성 •

하늘의 의사라는 뜻입니다. 힘들거나 아플 때 나를 치료해주는 귀인 격의 사람이 있을 수 있다는 의미이기도 하고, 의사나 종교인, 교육자 등 활인업에 종사하면 좋다는 뜻이기도 합니다.

• 천희성 •

다른 사람에게 도움이 되는, 또는 다른 사람을 돕는 일을 하며 살아야 합니다.

• 탕화살 •

탕화살은 화상이나 부상, 음독과 관련됩니다. 형태적인 면에서는 뜨거운 물에 화상을 입는 것을 뜻합니다. 성질적인 면으로는 욱하는 성격을 말하며, 불같이 욱하다 보니 극단적으로 음독하는 경우도 있어 각별히 주의해야 합니다. 반면에 탕화살을 가진 사람은 능력에서도 커다란 잠재력을 가지고 있다는 얘기도 되고, 운이 따라줄 때 빛을 만나서 파괴력을 보일 수 있다는 말도 됩니다.

• 태극귀인 •

태어날 때부터 타고난 복이 많아 질병이나 사고와 같은 액난을 당하지 않고, 사주에 아무리 흉한 살이 찾아와도 복록의 도움으로 평안하게 바꿔준다고 하며, 타인으로부터 많은 덕을 보게 되어 입신양명하는 길성입니다. 사주에 태극귀인이 있으면 아무리 어려운 난관도 쉽게 헤쳐나갈 수 있고, 시험이나 취업에 있어서도 큰 무리 없이 합격하게 되므로, 만사가 뜻대로 잘 풀려 종래에는 큰 성과를 거두고 명예와 재물을 함께 얻게 됩니다. 입신양명하는 길성으로 봅니다. 운에 태극귀인이 들어오면 명예를 얻으며, 주위의 도움으로 만사 형통합니다.

총명하고 영리하여 학문적 발전을 쉽게 이루고 전문직에 종사하는 사람이 많습니다. 학자적 기질. 공부운.

· 현침살 ·

욱하는 기질과 말로써 상대방에게 상처를 줄 수 있습니다. 날카로운 바늘처럼 상대방의 마음을 후벼 파는 말을 잘합니다. 이런 부분을 잘 컨트롤할 수 있다면 전화위복이 됩니다. 부정적으로 느껴질 수 있지만 실제로 바늘, 침, 칼, 주사, 가위, 펜, 붓, IT 기술 등 날카로운 도구를 사용하는 일에 탁월합니다. 날카로운 시각과 언변으로 사람을 살리는 언론인으로 이름을 날릴 수도 있습니다. 타고난 날카로움으로 사람을 살려야 하는 숙명입니다. 현침살은 매달 현, 바늘 침을 쓰며, 바늘, 침, 붓, 펜, 주삿바늘, 칼, 수술칼 등을 의미하고, 현침살에 태어난 사람은 보통 성격이 섬세하고, 날카롭고, 비판적이어서 언변에 강하며, 처해진 상황에 따라 냉정하고, 잔인한 면을 보이기도 합니다. 이로 인해 관재구설이 끼기 쉽습니다. 그러나 인명을 살리는 일인 의사 및 의약업, 기술업이나 디자이너, 미용사, 검사,

역학자 등과 같은 바늘, 침, 칼, 펜 등을 사용하는 직업을 가지면 현침살로 인한 액난을 피해갈 수 있으며, 성공할 가능성이 높습니다. 이외에도 서화 계통이나 역술계로 진출해 성공하기도 합니다. 현침살의 기운은 본인의 성격과 깊은 관련이 있습니다. 날카로운 성격으로 인해 주위에 적을 많이 만들게 되므로, 성격을 최대한 유연하게 바꾸면 관재구설의 위험에 벗어날 수 있으며, 사람을 따뜻하게 감싸줄 수 있는 포용력을 갖춘다면 사람으로 인해 일어나는 많은 사고에서 해방될 수 있습니다. 독립적이고 자유로운 직업이 좋습니다.

혈인살

사고, 수술 등 조심!

홍염살

붉고 곱다는 뜻으로 매력이 강하게 발산한다는 의미입니다. 홍염살이 팔자에 있으면 외모가 상대적으로 준수하고 성적인 매력이 있습니다. 다만 많은 사람에게 인기가 있으므로 오히려 피곤할 때가 많습니다.

종교인이나 예술인으로 활동하면 좋습니다. 고독, 학문, 종교, 예술을 상징하며 총명하고 다재다능하다고 봅니다. 인기에 관련된 일을 할 확률이 높습니다. 화개는 빛날 '화', 화려할 '화'에 덮을 '개' 자를 씁니다. 화려함을 덮는다는 뜻입니다. 화개살은 화려함을 덮는다고 했으니 화려하지만 스스로 그 화려함을 내려놓는 역할을 하게 됩니다. 그 화려함을 겉이 아닌 내적으로 비축하는 것입니다. 사주에 화개살이 있는 사람은 총명하고 지혜가 있으며 예술이나 문장, 학문에 능하고 내적 탐구를 통한 정신적인 분야에 관심이 많습니다. 그래서 문화, 예술, 종교, 학문적인 분야에 진출하는 경우가 많습니다. 화개살이 있는 사람은 번잡한 것을 좋아하지 않고 주로 혼자서 사색하거나 조용히 있는 것을 좋아합니다. 글을 쓰는 작가를 생각해보면 됩니다. 많은 재능을 가지고 있지만 그러한 재능을 화려한 인생보다는 철학적인 삶과 깊은 성찰, 명상과 수도를 통해 본인뿐 아니라, 주변의 사람들을 치유하며 사는 것에 더 큰 삶의 의미를 부여하는 성격입니다. 종교적인 색채도 강하다 보니 화개살 하면 승려나 목사 또는 역술인들의 팔자라고도 많이 알려져 있습니다.

이름에 '올빼미 효'가 들어가는 이유는, 올빼미는 고대 중국에서 자신의 어미를 잡아먹는 새로 알려져 있기 때문입니다. 부모 덕이 박하다고 보며, 특히 모친과 관련이 있습니다. 이 살이 있으면 생모와 인연이 별로 없으며, 모친으로 인한 근심, 걱정이 있다고 봅니다. 모친의 치맛바람 가능성도 있다고 보는데, 주로 고전 명리학에서 중시하던 것들로 현대에는 큰 의미를 부여하지 않아도 됩니다.

14

십이운성

·묘· (무덤 묘)

화개살과 비슷합니다. 깊게 몰입하는 스타일이라 한 곳에 집중을 잘하고, 알뜰하며 대기만성형입니다. 재물 관리를 잘하며 생활력이 강합니다. 예전에는 숨을 거둔 상태를 끝이라고 생각하지 않았습니다. 혼이 빠져나간 후 다시 돌아오면 살아날 수 있다고 믿었습니다. 그래서 진짜 죽음은 묘의 단계, 즉 땅에 묻는 것이라고 보았습니다. 이러한 기운처럼 사주에 묘가 있는 사람은 걱정, 근심이 많고 고독하지만 재능이 숨어 있다고 해석됩니다. 이 기운을 갖고 태어난 사람들은 잠들어 있는 재능을 깨우는 것을 삶의 지혜로 삼으면 좋습니다. 번뇌와 자수성가의 키워드입니다. 특히 일주에 묘를 깔고 있는 사람 중에 두 번 결혼하는 사람들이 자주 발견되는 것이 특징입니다.

· 목욕 ·

씻을 목, 목욕할 욕. 목욕한다는 뜻입니다. 목욕을 위해서는 옷을 벗어야
합니다. 그만큼 남들 앞에 몸을 내보이는 상황이 자주 벌어지거나 몸을
내 보이려는 성향을 가진 사람입니다. 아름다운 것을 선호하며, 이성과 세
상에 대한 호기심 또한 강한 편입니다. 이성, 도박이나 낭비의 유혹에도
약하며 싫증과 변덕이 심합니다. 이성 문제나 도박, 주색잡기를 주의해야
하며, 절제가 필요합니다. 남들에게 주목을 받는 기운으로 신살의 '월공'
과 비슷합니다.

· 제왕 ·

'임금 제', '왕성할 왕'. 왕성함이 절정에 달한 기운입니다. 크고 강한 힘을
펼치는 기운입니다. 자신의 힘을 펼치는 능력이기도 하지만, 강력한 카리
스마를 갖춘 리더의 주위에 사람들이 모이는 것처럼 다른 사람을 끌어들
이기도 합니다. 그래서 이러한 힘을 잘 펼쳐내기 위해서 필요한 것은 유
연함입니다. 너무 곧기만 한 나무가 거센 바람에 부러지는 것처럼 승부욕

과 추진욕이 대단하여 타인의 간섭을 싫어하는 제왕의 기운이 강한 사람들은 바람보다 빨리 눕는 풀의 지혜가 필요합니다. 고집이 강해 안하무인 격 성향이 될 수 있으니 주의해야 합니다. 절정과 유아독존의 키워드입니다.

십신(십성)의 혼잡

비겁 혼잡(비견과 겁재가 섞여서 존재하는 경우)

고집 세고 자기주장이 강합니다.

경쟁심, 독립심, 자존심, 시기 질투, 욕심이 증가합니다.

타인을 무시하기 쉽고 투기성이 강해집니다.

군겁쟁재(또는 군비쟁재) : 사주에 비견과 겁재(특히 겁재)가 많은 경우, 군겁

쟁재(群劫爭財)라고 부릅니다.

겁재(劫財)는 나와 같은 오행으로 음양이 다른 것인데 재성(재물)을 보면

나한테서 재를 탈취해 가므로 나에게는 손해가 되는 것으로 군겁쟁재는

사주에 겁재가 여러 개 있어 떼거지로 내 재물을 노리고 빼앗으려고 하는

것을 말합니다. 예를 들면 여러 명이 모여 있는 곳에 돈다발을 던져주면

그걸 놓고 한꺼번에 서로 다투는 형국입니다.

식상 혼잡(식신과 상관이 섞여서 존재하는 경우)

한 가지 일에 만족하지 못하고 집중력이 분산됩니다.

직업 이동이나 변동이 잦습니다.

욕망과 호기심이 과다하고, 제도와 규율, 울타리에서 벗어나려고 하며 자유분방합니다.

재성 혼잡(편재와 정재가 섞여서 존재하는 경우)

정재의 꼼꼼하고 실리적인 부분과 편재의 욕망이 부딪혀 가치관의 혼란이 발생합니다.

일은 많이 벌이지만 마무리가 약합니다.

남자의 경우 주변에 여자는 많으나 정작 내 여자는 없는 경우가 발생하며, 자칫 바람기로 나타나기도 합니다.

관성 혼잡(편관과 정관이 섞여서 존재하는 경우)

관성은 기본적으로 자신을 통제하는 법규나 도덕, 울타리를 의미합니다.

사회적으로는 직장, 조직, 관청 등을 의미합니다.

관성 혼잡(관살 혼잡)은 자신에 대한 통제가 지나쳐서 문제입니다. 과도한 자기 통제로 강박관념에 시달릴 수도 있습니다.

명예와 권력에 대한 강한 스트레스와 압박으로 오히려 돌출된 행동을 하거나 명예를 상실하는 언행을 하기도 합니다.

나를 강하게 제어하다 보니 남도 강하게 제어하려는 기질로 나타납니다. 또는 너무 나를 강하게 제어하다 보니 위축이 되어 우유부단해지거나 타인에게 의존적이 되기도 합니다(여성의 경우 특히 남자에 대해 이런 양상이 나타남).

인성 혼잡(편인과 정인이 섞여서 존재하는 경우)

한 가지 학문이나 연구에 집중하지 못해 가치관의 혼란이나 갈등과 스트레스가 생기기도 합니다.

종교나 학문, 예술 등 특정 분야에 대한 호기심은 많으나 한 분야에 집중하기가 힘이 듭니다.

가정이나 직업의 이동 변동이 잦고, 의식주가 불안할 수도 있습니다.

팔방미인이라는 소리를 듣기도 하지만 일의 마무리가 약합니다.

부록

재미있는
사주 이야기

오행(伍行), 그리고 조선왕조(朝鮮王朝)와
김씨(金氏) 이야기

우리는 금(金)이라는 한자를 '성씨 김' 또는 '쇠 금'이라고 읽습니다. 조선 왕조 이전에는 성씨(姓氏)를 말할 때도 김씨(金氏)를 금씨(金氏)라고 발음했다고 하죠. 신라 왕족의 후손 경주 김씨를 비롯해, 안동 김씨, 김해 김씨, 광산 김씨, 등 우리나라의 김씨 성에는 35개의 본관이 있다고 하며 가장 많은 인구가 김씨 성을 가지고 있습니다. 이렇게 많은 김씨가 '金'이라는 한자를 성으로 쓰면서 '금'으로 발음하던 것을 언제부터 왜 '김'이라고 발음을 했을까 하는 의문이 들지 않나요? 혹은 "아주 옛날부터 '金'이란 글자를 성으로 쓸 때는 '김'으로 읽자고 했나보다" 하고 지나칠 수도 있는 일이고요.

금(金)이라는 한자를 성씨로 쓸 때 '김'으로 발음하게 된 것은 오행(伍行)과 관련이 있습니다. 조선 왕의 성(姓)은 이(李)죠. 이(李)라는 한자는 오행으로 보면 목(木)에 해당합니다. 한편, 금(金)이란 한자는 '쇠 금'으로 오행(伍行)으로 볼 때 금(金)이죠. 오행(伍行)이론에서 금(金)은 목(木)을 극(克)하기 때문에 금극목(金克木)이라고 합니다. 금(金)은 목(木)을 이기거나 제압한다는 뜻이죠. 그러면, 금극목(金克木)이란 것과 성씨인 김씨(金氏)와 이씨(李氏)가 무슨 관련이 있어서 금씨(金氏)를 김씨(金氏)로 하게 했을까라는 의문이 들지요?

조선이 건국 후 왕의 성씨가 이씨(李氏)인데 이씨는 목성(木姓)에 해당되고 그 당시 금씨(金氏)라는 성씨가 오행으로 볼 때 금(金)에 해당되어 금극목(金克木)이 되므로 금씨(金氏)가 이씨(李氏)를 극(克)할 수 있다고 본 것입니다. 그래서 왕을 극하는 기운을 없애기 위해 금씨(金氏)를 김씨(金氏)라고 하게 하였고, 그 이후로 '金氏'는 '금씨'가 아닌 '김씨'가 되었다고 합니다. 성명학 이론 중에서 소리오행으로 보아도 '김'은 목(木)이고 '이'는 토(土)인데 목극토(木克土)가 되어 이래저래 김씨(金氏)는 이씨(李氏)를 이기거나 제압하는 꼴이 되는 것을 보면 군주가 하늘과 같던 시절에는 있을 수 있는 일이 아닌가 생각됩니다. 이처럼 우리나라의 역사나 문화 그리고 일상생활 속에는 알게 모르게 음양오행(陰陽伍行)이론이 자리하고 있습니다.

오행과 훈민정음

〈제자해〉는 훈민정음의 제자 원리에 대해 설명한 것으로, 세종이 어떤 철학적 바탕 위에서 훈민정음을 창제했는지 알 수 있습니다.

"하늘과 땅의 도(道)는 '오직 음양과 오행(一陰陽伍行)'일 따름이니, 곤(坤)과 복(復) 사이가 태극(太極)이 되고, 움직임과 고요함의 뒤가 음양이 된다. 무릇 하늘과 땅 사이에서 삶을 누리는 무리가 음양을 버리고 어찌하겠는가? 그러므로 사람의 소리에 다 음양의 이치가 있지만 돌아보건대 사람들이 살피지 않았을 뿐이다. 이제 정음을 만드는데 처음부터 지식으로 꾀하고 힘으로 찾는 것이 아니라 단지 그 소리를 따라 그 이치를 다할 따름이니 이치가 이미 둘이 아니거늘 어찌 하늘과 땅과 귀신과 더불어 그 씀(用)을 구하지 않겠는가."

정음 28자는 각자 그 형상을 본떠서 만들었습니다. 자음 글자는 발음 기관과 그 작용을 본떠서 만들었는데, 목구멍을 'ㅇ'으로, 이(齒)를 'ㅅ'으로, 입을 'ㅁ'으로 형상화했습니다. 모음은 천지인(天地人) 사상을 본떠 만든 것으

로, 하늘은 ' ﹒ '로, 땅은 '＿'로, 사람은 ' ㅣ '로 표현했습니다. 이 역시 음양과

태극 이론에 따른 것입니다.

制字解

天地之道 , 一陰陽伍行而已°坤復之間為太極 , 而動靜之後為陰陽°凡有生

類在天地之間者 , 捨陰陽而何之°故人之聲音 , 皆有陰陽之理 , 顧人不察耳°

今正音之作 , 初非智營而力索 , 但因其聲音而極其理而已°理既不二 , 則何得

不與天地鬼神同其用也°

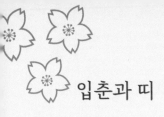

입춘과 띠

경자년에 태어난 아이는 쥐띠가 됩니다. 2021년에 태어난 아이는 신축년, 즉 소띠가 됩니다. 그런데 띠의 기준은 어느 시점일까요? 띠의 기준은 절기상 '입춘'이 됩니다. 그러면 입춘의 절입시각, 즉 입춘이 시작되는 시각을 알아야겠지요?

절기의 절입시각은 어떻게 알 수 있을까요? 그 해답은 바로 한국천문연구원에 있습니다. 한국천문연구원에서는 해마다 절기와 절입시각, 육십갑자로 표시된 역서, 즉 일력 자료를 공개합니다. 명리학이 우리의 일상생활에서 떼려야 뗄 수 없는 학문인 이유 중 하나입니다.

양력으로 2021년 2월 3일 입춘 절입시각인 23시 59분에 태어난 아이부터 신축년 소띠가 됩니다. 따라서 양력으로 2021년 2월 3일 23시 59분 이전에 태어난 아이는 사주를 볼 때 소띠가 아닌 경자년 쥐띠로 봐야 합니다. 입춘 절입시각이라 함은 태양이 황경 315도에 도착하는 시간을 말하는데, 거의 일정하긴 하지만 해마다 조금씩 다르게 나옵니다. 2021년의 입춘 절입시각은 2월 3일 23시 59분입니다.

***

천문학은 지금 첨단과학의 한 분야입니다. 우주로 인공위성을 쏘아올리고 태양계 너머를 탐사하며 선진국들은 우주 연구에 힘을 쏟고 있습니다. 천문학은 우주과학 기술의 발달과 함께 인류의 미래를 책임질 수 있는 학문으로 기대되고 있습니다.

옛날의 천문학은 어땠을까요? 하늘의 별을 보며 전쟁을 예측하고 풍년이 될지 흉년이 될지를 점쳤습니다. 일식이 일어나거나 혜성이 나타나면 재앙이 생길 것이라 여겨 열심히 밤하늘의 현상을 살펴 기록했지요. 이를 통해 재앙을 막거나 피해보려고 했습니다.

그래서 우리는 과거의 천문학을 '별을 보며 점이나 치고 어떤 상징에 매달려 걱정하는' 미신처럼 생각하기도 합니다. 그러나 지식과 기술이 축적되지 않은 옛날에 하늘의 현상은 인간에게 두려움을 주는 존재였습니다. 어느 대낮에 해가 조금씩 사라지고, 안 보이던 별이 갑자기 밤하늘에 나타나는 현상은 대단한 공포일 수밖에 없었지요.

한 치 앞도 알지 못하는 인간이 주어진 환경에서 어떻게든 미래를 예측해 보려면 하늘에 나타나는 현상을 분석해야 하지 않았을까요? 오늘 하늘에는 어떤 이상한 현상이 나타나는지 살피기 위해 매일 하늘을 관측했고, 그러다 보니 그 현상이 어떤 규칙성을 띠고 있다는 사실을 깨닫게 되었습니다. 눈에 띄는 모든 현상을 관측하고 기록해 이른바 '빅데이터'가 만들어진 것입니다. 천문학의 시작은 미신이었으나 결과는 과학이었습니다.

옛날 사람들은 하늘에서 일어나는 일이 땅에서도 그대로 일어나는 것이라 믿었습니다. 천문이 곧 인문이었습니다. 천문(天文)은 하늘의 무늬이고, 인문(人文)은 사람의 무늬입니다. 사람의 무늬란 인간이 만들어내는 것입니다. 하늘에 그려진 무늬를 보면서 인간도 그에 맞는 무늬를 그려내는 것입니다.

명리학과 과거시험

한국을 포함한 동아시아에서는 일찍이 하늘을 우러러 천문을 관측하여 왕실과 백성의 안위를 꾀하기 위해 천문학이 발달해왔습니다. 이뿐만 아니라 땅을 굽어 살펴 복된 터전에서 살기 위해 지리학이 발달해왔으며, 한 생명의 출생과 더불어 사람 운명의 이치를 알기 위한 명리학, 즉 명과학(命課學)이 발달했습니다.

조선시대 음양과가 이와 무관하지 않습니다. 비록 태조 원년(1392)에 고려의 제도를 모방은 하였지만 이를 좀 더 보완하여 음양학에 관련된 체계적인 제도적 틀을 갖추게 되니, 그것이 곧 잡과의 음양과(陰陽科)입니다.

이들 세 학문에는 수권의 시험 교재가 있었고, 교재를 통해 닦은 실력을 음양과 과거시험 및 취재시험을 통해 관리로 나아갈 수 있었습니다. 그러나 음양과 과거를 통해 관상감(觀象監) 관원이 되는 데는 여러 가지의 절차와 어려움이 뒤따릅니다.

먼저 전현직 관상감 관원의 추천을 받아 생도(生徒)가 되어야 합니다. 천문학 20명, 지리학 15명, 명과학 10명이 생도로 추천되므로, 이 안에 포함되어야 하지요. 추천된 생도는 다시 관상감 현직 관리의 투표를 통해 합격해야 비로소 음양과에 응시할 수 있었습니다.

조선 초기에는 응시생 중에서 1차 시험에서 천문학 합격자 10명과 지리학 및 명과학 합격자를 각각 4명 뽑았고, 1차 합격자 중에서 다시 2차 시험을 통해 천문학 합격자 5명과 지리학 및 명과학 합격자를 2명씩 뽑았습니다.

최종합격자는 처음에는 무보수로 근무를 하다가 자리가 나면 관록을 받는 정식 관리로 발령이 납니다. 현대의 기술직 국가고시에 비교하면 3년에 1번씩 소수의 인원을 뽑았으므로 고급인력이 합격했다고 할 수 있지요.

관상감에서는 먼저 천지인 삼재에 관련된 업무를 보았습니다. 즉, 천문학에 관련된 하늘의 재상(災祥, 재앙과 상서로움)과 기상현상 관측(測候), 물시계를 이용하여 시각을 재는 업무(각루)를 보았고, 지리학에 관련된 양택과 음택에 관련된 지리 업무 외에 지도 제작 등의 업무를 보았으며, 사람의 운명에 관련된 업무, 곧 명과학에 관련된 업무로는 책력간행 등의 역일(曆日)과

점치는 기술인 점산(점주), 길·흉일을 가리는 추택 등의 업무를 주로 보았습니다.

다음으로 음양과 생도를 추천하는 업무를 보았습니다. 그리고 마지막으로 일력(日曆)을 만들어서 배포하는 등의 업무를 보았습니다. 이것을 현재는 한국천문연구원이 하고 있는 거 아시죠?

명리학의 시간

　지구가 한 바퀴 자전하는 데 걸리는 시간은 24시간입니다. 지구가 자전을 하는 동안 태양은 고정되어 지구를 비추죠. 즉 시간은 태양의 일주운동으로 만들어집니다. 지구의 각 지역이나 도시, 나라는 회전 각도에 따라 태양이 비추는 각도 또한 다릅니다. 즉 각 지방의 태양시는 지방의 경도에 따라 조금씩 다른데, 이는 같은 나라라 해도 지역이나 지방, 도시 위치가 경도에서 차이를 보이기 때문입니다.

　면적이 큰 나라는 경도 차이가 더욱 큽니다. 그러나 한 나라 안에서는 편의를 위해 특정 지방의 평균시를 전국에 적용하여 공통으로 사용합니다. 면적이 작은 나라라면 문제가 없지만 국토가 넓은 나라는 편차가 매우 커지게 되지요. 그래도 어느 한 지방을 정해 시간을 적용하여 전국이 사용하도록 하는데 이를 표준시라고 합니다.

　지구는 원입니다. 원은 360도이고 하루는 24시간이죠. 이를 적용하면 지구는 1시간에 15도씩 회전합니다. 즉 4분이면 1도 회전합니다. 따라서 일반적으로 경도 15도 차이마다 1시간씩 다른 표준시를 사용합니다.

태양이 어느 한 지방의 자오선(子吾線)을 지나는 시각을 남중한다고 합니다. 즉 남중하는 시각을 일남중시각(日南中時刻)이라고 하는데, 일남중시각은 같은 나라에서도 경도에 따라서 달라집니다. 우리나라는 면적이 좌우로 넓은 국가는 아닙니다. 그러나 지역에 따라 다른 일남중시각이 일어납니다. 예를 들면 울릉도와 인천은 같은 일남중시각이 나올 수 없습니다. 울릉도의 지방 평균시와 인천의 지방 평균시는 서로 다르고 일정한 시간 차이가 있습니다. 그러나 한 나라에서는 어떤 특정 지방의 평균시를 취하여 표준시로 사용합니다.

때에 따라 지나치게 면적이 넓거나 동서로 길이가 긴 나라에서는 어쩔 수 없이 여러 개의 표준시를 사용하기도 합니다. 예를 들어, 미국과 캐나다의 경우 동서로 길게 펼쳐져 있어 표준시를 여러 개 지정해 적용합니다. 두 나라는 1879년에 S. 플레밍의 제안에 따라 공통으로 5개 표준시를 정하였습니다. 이 5개 표준시는 각각 서경 60도, 75도, 90도, 105도, 120도의 지방 평균시를 취하였습니다.

한국에서는 현재 동경 135도의 지방 평균시를 표준시로 채택하고 있습니다. 이는 우리 영토의 중앙에 해당하는 선이 아닙니다. 동경 135도 선은 울릉도 동쪽 350km 지점을 남북으로 지나는, 즉 한국의 영토를 지나지 않는 선입니다. 이는 일본 동경시를 지나는 선입니다. 이 선에 따라 12시는 일본의 12시와 동일합니다.

한국 표준시는 동경 127도 선이 지나는 서울의 지방 평균시에 맞추어져야 합니다. 그러나 우리나라 표준시는 우리 수도인 서울 평균시보다 32분 정도 빠르게 되어 있습니다. 일본 동경시를 따르는 것이죠. 세계 각지의 표준시는 그리니치 표준시(경도 0도를 지남)와 시차(時差)를 정수로 두는 것이 보통이지만, 한때 한국이 그런 것처럼 경우에 따라서는 30분 차를 더 둘 수 있습니다. 일반적으로는 어떤 지방 경도가 그 이웃 지방과 15도 차이가 날 때마다 1시간씩 다른 표준시를 쓰게 됩니다.

우리나라는 한때 대통령령으로 1954년 3월 21일부터 농경 127도 30분을 표준자오선으로 하여 표준시를 고쳐 사용했습니다. 이 시기에는 일본과 30분 차이가 났습니다. 1961년 8월 10일부터는 다시 동경 135도 선을 표준자오선으로 하고 과거와 같은 표준시를 사용하게 되었습니다. 이에 사주를 판단할 때도 1961년 8월 10일 정오 이전은 각 시간을 배정할 때 밤 23시부터 2시간 간격으로 정각으로 맞추어 사용하고, 1961년 8월 10일 정오부터는 밤 23시 30분부터 자시를 적용하여 각각 2시간씩 나눠 시주를 찾아야 합니다. 즉 일본 고베 부근을 지나는 동경을 기준으로 하는 일본 표준시보다 30분 뒤로 시간을 적용해야 합니다. 예를 들어 우리나라에서 시계가 낮 12시를 가리키면 실제 자연시는 30분 느린 11시 30분입니다. 따라서 12시를 보려면 12시 30분이 되어야 하고 자시를 찾으려면 23시 30분부터가 되는 것입니다.

시기에 따라 적용한 기간이 들쭉날쭉한데 그에 따라 어느 해는 기준을 30분 단위로 하고, 어느 해는 정각으로 합니다. 현재는 1961년 8월 10일 이후부터 30분 단위로 적용하여 자시(子時)는 전일 밤 11시 30분에서 다음 날 새벽 1시 30분으로 적용합니다. 자시를 기준으로 하여 표기할 때 시간 변경은 다음과 같습니다.

자시 23:30 - 01:30

축시 01:30 - 03:30

인시 03:30 - 05:30

묘시 05:30 - 07:30

진시 07:30 - 09:30

사시 09:30 - 11:30

오시 11:30 - 13:30

미시 13:30 - 15:30

신시 15:30 - 17:30

유시 17:30 - 19:30

술시 19:30 - 21:30

해시 21:30 - 23:30

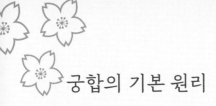

궁합의 기본 원리

동양 철학에서 말하는 음양론(陰陽論)은 두 개의 서로 다른 기가 대립과 교감을 통해 만물이 생겨나는 이치를 일컫습니다. 오행론(伍行論)은 우주 만물을 이루는 목(木), 화(火), 토(土), 금(金), 수(水) 다섯 가지 원소를 말합니다.

이들의 상호 상생(相生)과 상극(相剋)에 의해 만물은 성장 또는 소멸합니다. 인간 역시 오행의 소장활동(消長活動, 쇠하여 사라짐과 성하여 자라남)에 따라 길흉화복이 생겨납니다.

모든 색들은 청색(파란색), 적색(붉은색), 황색(노란색), 백색(흰색), 흑색(검은색)의 오방색(동, 서, 남, 북, 중앙의 다섯 방위를 상징하는 우리나라 전통 색상)으로 구분할 수 있는데, 이들은 상호 영향을 미칩니다.

궁합을 보는 데는 다양한 방법이 있는데, 그중 가장 보편적인 것은 상대방의 일주와 내 일주 천간, 지지의 오행을 서로 비교하는 방법입니다(일간 비교=성격 궁합 / 일지 비교=애정 궁합).

상대방과 나의 일주 아래, 위 오행이 서로 상생인지, 상극인지, 합인지 형

충파해를 이루는지 비교해봐야 합니다. 상생은 나무를 태우면 불이 나고(목생화), 타고 남은 재는 흙이 되고(화생토), 금속이 흙 속에서 나오고(토생금), 금속이 녹으면 물이 생겨나는(금생수), 즉 서로를 발전시키는 관계입니다.

반면 상극은 불로 쇠를 녹이고(화극금), 금속으로 나무를 자르고(금극목), 나무로 흙을 파고(목극토), 흙으로 물을 막고(토극수), 물로 불을 끄는(수극화), 즉 서로를 파괴하는 관계입니다.

예를 들어 내 일간이 목(木)인 경우, 상대방이 화(火)이면 나는 상대를 도와주면서(木生火) 힘이 빠지니 내 기는 분산됩니다. 상대가 토(土)이면 나는 상대를 파괴하느라(木剋土) 내 기는 고갈됩니다. 상대가 금(金)이면 상대가 나를 파괴하고(金剋木), 상대가 수(水)이면 상대가 나를 도와주어(水生木) 나는 성장합니다. 상대가 나와 같은 목(木)이면 비화(比和)여서 서로에게 영향을 미치지 않습니다.

오행의 다른 요소들, 다시 말해 내가 화기, 토기, 금기, 수기를 지녔을 때도 같은 방법으로 비화, 분산, 고갈, 파괴, 성장으로 구분할 수 있습니다.

유명인의 사주풀이

01

백범 김구

"나는 병자년(丙子年, 1876), 할머니의 기일인 (음력) 7월 11일 자시(子時)에 할아버지와 큰아버님이 사시는 텃골 웅덩이 큰집에서 태어났다. 앞으로 내 일생이 기구할 조짐이었는지 나의 탄생은 유례없는 난산이었다. 산통이 있은 지 근 일주일이 지나도록 아이는 태어나지 않았고 산모의 생명은 위험하였다. 친척들이 모두 모여 온갖 의술 치료와 미신 처방을 다 하였지만 효력이 없었다. 상황이 자못 황급해지자 집안 어른들은 아버님께 소길마를 머리에 쓰고 지붕 용마루로 올라가 소 울음소리를 내라고 했지만 아버님은 선뜻 따르지 않았다. 할아버지 형제분들이 다시 호통을 쳐서 아버님이 시키는 대로 하고 난 후에야 내가 태어났다고 한다.

우리 집안이 극히 빈곤한데 나이 겨우 열일곱에 아이를 얻으니, 어머님은 항상 내가 죽었으면 좋겠다고 한탄하셨다 한다. 어머님은 젖이 부족하여 암죽을 끓여 먹였고, 아버님은 나를 품고 이웃집 산모에게 젖을 구하였다. 먼 친척 할머니 되는 핏개댁(稷浦宅)은 밤늦더라도 조금도 싫어하는 내색 없이 젖을 주었다 한다. 내 나이 열 살 남짓에 그분이 돌아가셔서 텃골 동산에 묻혔는데, 나는 그 묘를 지날 때마다 경의를 표하였다."

-《백범일지》중에서

시	일	월	년
정관	아신	정인	정인
갑 갑목	기 기토	병 병화	병 병화
자 자수 목욕	사 사화 제왕	신 신금 병	자 자수 태
임 계 정재 편재	무 경 병 겁재 상관 정인	무 임 경 겁재 정재 상관	임 계 정재 편재
편재	정인	상관	편재
절	제왕	목욕	절
장성살	겁살	지살	장성살

양	음	음	양	양	양	양	음

목1 관성	화3 인성			토1 비겁	금1 식상	수2 재성
화2 인성		토2 비겁		수4		

• 목: 관성 과소, • 화: 인성 적정, • 토: 비겁 적정, • 금: 식상 과소, • 수: 재성 과다

• 간지, 신살 들을 누르면 설명을 보실 수 있습니다

천을귀인 현침살	효신살	천을귀인 금여성 현침살	천을귀인

나는 이처럼 과거길에서 불쾌한 느낌과 비관적인 생각만 품은 채 집으로 돌아와 아버님과 상의하였다.

"제가 어떻게든 공부로 입신양명(立身揚名)하여 강가·이가에게 당한 압제를 면할까 하였는데, 그 유일한 방법이라는 과거장의 폐해가 이와 같은즉, 제 비록 큰 선비가 되어 학력으로 강·이씨를 압도하더라도 그들에게는 엽전의 마력이 있는데 어찌하오리까. 또한 큰 선비가 되도록 공부를 하려면 다소의 금전이라도 있어야 하는데, 집안이 이같이 가난하니 앞으로 서당 공부를 그만두겠습니다."

아버님 역시 옳게 여기시고 이렇게 말씀하신다.

"너 그러면 풍수공부나 관상공부를 해보아라. 풍수에 능해 명당에 조상을 모시면 자손이 복록을 누리게 되고, 관상을 잘 보면 선한 사람과 군자를 만날 수 있다."

나는 이치에 맞는 말이라 생각되어

"그것을 공부하여 보겠습니다. 서적을 얻어주십시오."

하고 부탁하였다. 아버님이 우선 《마의상서(麻衣相書)》 한 권[冊]을 빌려주셔서 나는 독방에서 이것을 공부하였다. 관상서를 공부하는 방법은 먼저 거울로 자신의 상(相)을 보면서 부위와 개념을 익힌 다음, 다른 사람의 상으로 확대·적용해 나가는 것이 첩경이다. 나는 두문불출하고 석 달 동안이나 내 상을 관상학에 따라 면밀하게 관찰하였다. 그러나 어느 한 군데도 귀격(貴格)·부격(富格)의 좋은 상은 없고, 얼굴과 온몸에 천격(賤格)·빈격(貧格)·흉격(凶格)밖에 없다. 과거장에서 비관에서 벗어나기 위해 관상서를 공부했는데 오히려 과거장 이상의 비관에 빠져버렸다. 짐승과 같이 살기 위해 산다면 모르지만 인간으로서 세상 살고 싶은 마음이 없어졌다. 그런데《상서》중에 이런 구절이 있다.

상 좋은 것이 몸 좋은 것만 못하고(相好不如身好)
몸 좋은 것이 마음 좋은 것만 못하다(身好不如心好)

이것을 보고 나는 상 좋은 사람(好相人)보다 마음 좋은 사람(好心人)이 되어야겠다고 결심하였다. 이제부터 밖을 가꾸는 외적 수양에는 무관심하고 마음을 닦는 내적 수양에 힘써 사람 구실을 하겠다고 마음먹으니, 종전에 공부 잘하여 과거하고 벼슬하여 천한 신세에서 벗어나겠다는 생각은 순전히 허영이고 망상이요, 마음 좋은 사람이 취할 바 아니라고 생각되었다. 그러나 마음 좋지 못한 사람이 마음 좋은 사람으로 되는 방법이 있는가 스스로 물어보니 역시 막연하였다.

《상서》를 그만 덮어버리고 지리에 관한 책(地家書)도 좀 보았으나 취미를 얻지 못하고, 병서(兵書)인 《손무자(孫武子)》, 《오기자(嗚起子)》, 《삼략(三略)》, 《육도(六韜)》 등을 보니 이해하지 못할 곳이 많다. 그러나 장수가 될 훌륭한 재질을 논하면서

태산이 앞에서 무너져도 결코 흔들리지 않는다.(泰山覆於前 心不妄動)

병사들과 더불어 고락을 함께 한다.(與士卒 同甘苦)

나아가고 물러섬을 호랑이와 같이 한다.(進退如虎)

적을 알고 나를 알면 백 번 싸워 지지 않는다.(知彼知己 百戰不敗)

등의 구절을 매우 흥미 있게 낭송하였다. 나이 열일곱 살 때 나는 1년간 일가 아이들을 모아 훈장질하면서 의미도 잘 모르는 병서만 읽었다.

-《백범일지》중에서

기사 일주 보편 특성

가정은 비교적 안정되어 있고 나름 꾸미기를 선호한다. 그러나 부모형제와 마찰이 심하고 부부 간에 문제가 발생하기 쉽다. 그럼에도 식견과 인격으로 문제없이 해소한다. 결단성이 부족하여 일을 해결하고 가정을 이끌어가는 데 용기가 필요하다. 대기만성형이니 서두르거나 옹졸하게 생각하지 않는 게 좋다. 내성적 성격으로 혼자 있기 좋아하며 사람을 가린다. 따라서 대중적이지 못하고 외톨이 같은 성향이 드러난다. 동정심이 많지만 주위와 마찰이 있으니 주의하고 양보심이 필요하다.

기사(己巳)는 음양오행에서 기(己)는 토(土)이고 사(巳)는 화(火)에 해당한다. 기토(己土)는 만물의 형상을 갖춤을 상징하고 사화(巳火)는 양기가 충만하여 용광로처럼 뜨거운 위력을 상징한다. 기사(己巳)의 지지 사화(巳火) 중의 경금(庚金)은 깔끔하게 제련된 금(金)이기에 얼굴보다는 몸과 음성이 크고 맑으며 듣기 좋은 소리를 냄이 특징이다. 따라서 기사(己巳)일 출생자는 내면의 감정이 풍부하고 강연소리가 좋고 노래를 썩 잘하는 스타일이다.

사(巳) 중의 병화(丙火)는 정인이기에 내심 여러 가지 잡생각 등으로 이리

저리 재는 습성을 가졌다. 그러나 사(巳) 중의 병화(丙火)는 양광으로 외음내양(外陰內陽)의 상이 펼쳐지면 극한 어려움에 처해도 조상이 돕는 천우신조가 있는 운명이다. 기사(己巳)의 물상은 누런 뱀인 황사(黃蛇)의 상(象), 음력 4(巳)월과 오전 10(巳)시에 가장 활약이 많은 상(象)을 의미한다.

기사(己巳)일 출생자의 기질은 금신(金神)에 해당하므로 고집태강, 초지일관, 백절불굴, 활동력 탁월 등 주장이 무척 강해 타인과 마찰이 있으며 좋은 일하고 구설수에 오르기도 하는 사주다. 사주원국에서 기사(己巳)가 일시(日時)에 쌍으로 겹치면 사법관 득세, 무관 장성 지위에 올라 기세가 등등할 사주다. 한편 총명하고 지혜롭고 재주가 많고 따뜻함과 부드러움, 내적인 강인성이 두드러지며 동정심이 많고 양보심이 큰 동정다중형의 사주다.

기사(己巳)일 출생자는 음인(陰刃)에 해당하는 흉살을 지녔기에 독선적인 성품을 가져 자신도 모르게 남의 비방을 받기도 하고 뒤통수를 맞거나 칼을 맞을 수도 있다는 암시가 내재되어 있어 주의가 필요하다. 이뿐만이 아니라 재물에 실패수가 따르기 쉽고 고독해하기 쉬운 사주다.

직업이나 경제활동은 교육계, 언론계, 종교계, 무역업을 하거나 정신적인 면에 진출하여 활동이 두드러지게 많은 사주다. 특히 남의 밑에서 일하기를 거부하는 유형으로 독립 업종이 가능한 사주다.

남성은 처(妻)인연이 바뀔 수 있음을 암시하고 형(刑)을 경험할 우려가 높은 사주라 주의가 필요하다.

병병 병존

십신: 상관격, 정인 40점, 상관 30점, 편재 20점, 정관 10점

십이운성 및 십신: 제왕, 목욕, 효신살, 천을귀인, 금여성, 현침살

신약 사주

조후용신: 병화

억부용신: 화, 토

02

허균

"나는 기사년(己巳年, 1569, 선조 2년) 병자월(丙子月, 11월) 임신일(壬申日, 3일) 계묘시(癸卯時)에 태어났다. 성명가(星命家, 사주, 관상가)가 이를 보고, '신금(申金)이 명목(命木)을 해치고 신수(身數)가 또 비었으니, 액이 많고 가난하고 병이 잦고 꾀하는 일들이 이루어지지 않겠다. 그러나 자수(子水)가 중간에 있기 때문에 수명이 짧지 않겠으며, 강물이 맑고 깨끗하여 재주가 대단하겠고, 묘금(卯金)이 또 울리므로 이름이 천하 후세에 전할 것이다'라고 말했다. 나는 그전부터 이 말을 의심해왔으나, 벼슬길에 나온 지 17~18년 이래 전패(顚沛, 엎어지고 자빠짐)와 총욕(寵辱, 영예와 모욕)이 반복되는 갖가지 양상이 은연중 그 말과 부합되고 보니 이상하기도 하다."

-《성소부부고(惺所覆瓿藁)》중에서

세운	대운	시주	일주	월주	연주
		겁재	아신	편재	정관
		계	임	병	기
		묘	신	자	사
		상관	편인	겁재	편재
		甲乙	戊壬庚	壬癸	戊庚丙
		사	장생	제왕	절

• 신살

귀문 천을	월덕	도화 양인 월공	역마 천덕 천을

임신 일주 보편 특성

✤

지혜가 출중한 것으로 그치지 않고 외모 또한 준수하다. 솔선수범하며 모범생인데 리더십도 강하니 남 앞에 서는 사람이다. 일을 두려워하지 않고 물불을 가리지 않으니 어떤 일이라도 해낼 자신이 있다. 지나치게 설친다는 비판을 들을 수 있어 이게 단점으로 작용할 수 있다. 경영자로서 성공 가능성이 있는데 강력한 힘을 가지고 밀어붙이는 직종이 적당하다. 자기주장이 강한 반면에 분위기에는 매우 약하다.

임신(壬申)의 물상은 물이 솟아오르는 바위의 상(象), 샘터와 약수터의 상(象)이다. 겉으로는 단정 온화해 보이는 온후관대형이나 내심은 급격한 성향을 지닌 사주다. 이렇게 원류가 풍후하니 오랜 가뭄에도 마르지 않아 잠재력이 대단하다.

임신(壬申)일 출생자의 첫 번째 중심 키워드는 정력기이자 피부가 검은 편에 속하며, 예술성과 임기응변의 재치가 뛰어나고 수단도 좋은데, 때에 따라서는 간교해질 수도 있다는 특징을 가진다.

임신(壬申)은 음양오행상으로 임(壬)은 수(水)이고, 신(申)은 금(金)에 해당한다. 임수(壬水)는 성질이 검고 흐르는 기질이 있으며, 신금(申金)은 경금(庚金)의 응집력을 이어받고 계승해서 부지런히 만물을 완성하는 구실을 한다.

한편 임신(壬申)일 출생자의 두 번째 중심 키워드는 일을 풀어나가는 능력이 뛰어나고, 자기주장이 강하나 분위기에는 아주 약하며, 효신살을 지녔음이기에 타향객지에서 공부하면 학문으로 대성할 사주인데, 가족과 떨어져 객지생활로 고독한 일생을 가질 수 있는 사주다. 이렇듯 임신(壬申)일 출생자는 효신살을 지녔음이니 박학다식하나 재복이 약하고 생모와 일찍 이별하는 경향이 있어 어머니와 인연이 작고 자녀의 덕이 박한 경우다. 사주에 효신살을 가질 경우에는 대체적으로 부자(父子)가 떨어져 사는 기간이 길다.

임신(壬申)일 출생자는 일지가 장생, 지살이기에 흉살제복시키는 좋은 일주에 해당해 환경 적응성, 포용력, 만인 신망, 영리, 재능, 언변 능숙, 설득력이 탁월하며 외국어 계통 외국어 습득 능력에 자질이 특히 우수하다.

임신(壬申)일 출생자는 일지에 학당귀인을 가졌음이니 학문을 즐겨하고 문장이 수려하여 학자나 교육자로 진로를 정하면 길(吉)하고, 태극귀인은 시종함을 가졌음이니 종래 성과를 거두는 기쁨을 암시하는 사주로 조화가 좋으면 입신양명도 충분히 할 수 있는 사주다.

직업이나 경제활동과 관련하여 임신(壬申)일 출생자는 학자, 외교관, 의약계, 교육계에 적합하고, 사업할 경우의 적합한 분야는 관광업, 무역업, 수산업, 운수업, 양조업 계통과 인연 깊으며, 드물게 종교계, 의약계에서 두각을 나타내는 경우도 있다.

남성의 임신(壬申)일 출생자는 방랑벽이 있는데, 고독에 연유한다. 임신(壬申)일생은 안으로는 불같지만 겉으로는 태연한 모습을 보일 뿐만 아니라 학문에 대한 열정도 있고 지혜가 충만하여 다재다능하고 용모도 아름다운 편에 속하고 말을 할 때도 위엄이 있고 유머감각도 뛰어난 사주다. 따라서 가끔 일어나는 변덕심만 절제하고 한 가지 일에만 초지일관을 하면 대성할 수 있는 사주다.

십신: 겁재격, 겁재 40점, 편인 20점, 편재 20점, 정관 10점, 상관 10점

신상: 귀문관살, 도화살, 양인살, 역마살, 월공, 월덕귀인, 천덕귀인, 천을귀인

신강 사주

조후용신: 무토

억부용신: 화, 목, 토

논개

전북 장수 사람 주달문이 딸을 얻었다. 꼽아보니 1574년 갑술년 음력 9월 3일 술시였다. 사주에 개가 여럿 들어 있었다. 이름 지으러 간 주달문에게 스님이 말하길 "아예 개를 낳았구나." 술(戌)이 '개 술'자라 '놓은 개(낳은 개)', '논개'라 했다 한다.

논개
거룩한 분노는
종교보다도 깊고
불붙는 정열은
사랑보다도 강하다.
아! 강낭콩보다도 더 푸른
그 물결 위에
양귀비꽃보다도 더 붉은

그 마음 흘러라.

변영로 시인의 '논개' 첫머리다.

이 시의 주인공 주논개(1574~1593)는 전라북도 장수군 계내면 대곡리에서 선비 주달문과 밀양박씨의 외동딸로 태어났다. 15살이던 아들 대룡을 괴질로 잃고 얻은 귀한 딸이다.

\# 참고로 현재 인터넷상에 돌아다니는 논개 사주 명식(네 기둥이 모두 갑술로만 모두 이루어진 명식)은 틀린 명식이다.

• 논개의 만세력 •

(여)
448, 신약(32)

1574 09월 27일(양)
1574 09월 03일(음.평)

세운	대운	시주	일주	월주	연주
		비견	아신	정인	비견
		갑	갑	계	갑
		술	술	유	술
		편재	편재	정관	편재
		辛丁戊	辛丁戊	庚辛	辛丁戊
		양	양	태	양

• 신살

월공
화개	월공
화개	공망	월공
화개

183

갑술 일주 보편 특성

독선적이고 직선적인 성격이며 이성을 조심해서 만나야 한다. 앞을 보고 달리는 성격이라 주변을 살피지 않는다. 재물을 가벼이 여기며 풍류를 즐긴다. 사교술과 리더십이 있으며 권모술수 또한 뛰어나다. 탁월한 지혜와 언변술까지 있어 설득과 이해로 상대방을 감화시킨다. 적을 만들거나 타인에게 감정의 찌꺼기를 남기지 않게 하는 탁월한 역량이 있는데 해결사로서는 덕망과 같다. 자립하는 운명이며 위엄과 품위는 부족하다. 급한 성격이 흠이며 합리적이고 현실적인 원만한 처세는 이미 갖추어져 있으니 완급을 조절하는 능력이 요구된다.

갑술(甲戌)의 지장간 신(辛), 정(丁), 무(戊)에서 신금 정관이 파극됨이니 관액(官厄)을 예고함이라 할 것이고, 정화 상관의 화개지의 배속(配屬)은 종교와 신심(信心)이 깊음을 암시해주는 바다. 갑술(甲戌)일생은 합리적이고 현실적이며 원만한 처세로 타인과 큰 충돌이 없는 경우다. 한편 갑술(甲戌)일생은 다소 과장 경향이 있고 수단이 능하고 타인에게 호감을 주나 타인을 원망하는 타입이고 언중유골이 있다.

갑술(甲戌)일생의 성격은 자유분방해서 한 곳에 몰입하기 어렵고 번뇌도 심하다. 의욕이 넘치지만 의타심도 있고 성격이 과격해서 항상 난관이 뒤따르는 사주다. 그러면서도 갑목(甲木)의 기운은 풍부한 감정으로 낭만을 즐기는 성품으로 나타나기도 한다. 낭만적인 성품 때문에 처음에는 호감을 갖게 하지만 나중에 미움을 살 수도 있으므로 불끈 솟아오르는 기질을 잘 다스려야 한다.

갑술(甲戌)의 물상은 가을의 나무의 상(象), 가을나무에 단풍이 들어 낙엽으로 떨어진 옷감과 종이의 상(象)이다. 갑술(甲戌)일생은 자신이 왕이니 지도자의 상으로 이재능력이 뛰어나고 일확천금의 운기가 감돌지만 고독감은 떨치기 어려운 사주다. 갑술(甲戌)일생은 성실하고 할 일을 뒤로 미루지 않음이 특징이나 독단적으로 일을 처리함으로 인해서 피해를 입는 경우가 많으니 수양이 필요한 사주다.

갑술(甲戌)은 음양오행으로 갑(甲)은 목(木)이고 술(戌)은 토(土)이다. 갑술(甲戌)은 싹을 틔우기 위해 겉껍질을 터뜨리는 모습이고 하늘의 진리를 널리 펴는 기운을 머금고 있음을 상징한다. 한편 술토(戌土)는 정화(丁火)라는 화기(火氣)를 머금고 겨울을 대비하는 기질이 있음이기에, 만물을 죽음으로 끌고 가서 넋과 정신을 일컫는 백(魄)을 갈무리해 내장하는 살기(殺氣)에 해당하는 기운이다.

직업이나 경제활동과 관련하여 갑술(甲戌)일 출생자는 일지가 학마(學魔)에 해당함이니 자신의 실력만큼 학업적인 진로가 잘 열리지 않는 사주다. 그러나 이재(理財)에는 밝아 재정계통이면 출세가 빠른 사주이고 천문, 천예를 가졌음이니 활인(活人)계통의 의약계, 종교인, 역술인, 법조계로의 진출 경향을 암시해준다.

여성의 갑술(甲戌)일 출생자는 자좌관고(自坐官庫)함이니 남자를 우습게 여기는 여장부(女丈夫)의 기상을 지닌 사주다. 이성을 보는 눈이 높은 페미니스트이지만 실제로 남편은 기대 이하로 남편의 덕을 보기는 어렵고 남편문제로 고민이 많을 사주다.

여성의 갑술(甲戌)일 출생자는 유산과 낙태 등의 산액(産厄)이 두려운 사주이고 피부트러블과 위장병 등이 우려되는 사주다. 본인이 벌어서 남편을 먹여 살리는 타입이다.

갑술(甲戌)일생은 의로운 용기는 좋은데 지나친 면이 있고 이해심과 사려도 깊지만 덤벙거리는 기질 때문에 재난을 당할 수 있으며 말 속에는 가시가 섞여 있어서 타인의 마음을 상하게 할 수 있음을 명심해야 한다. 자신의 결점을 고치고 차근차근 살아가면 만년이 아름다운 인생이다.

갑갑 병존

십신: 정관격, 편재 40점, 정관 30점, 비견 20점, 정인 10점

신살: 월공, 화개

신약 사주

조후용신: 경금

억부용신: 목, 수

혜경궁 홍씨

나는 을묘년(乙卯年, 1735, 영조 11) 6월 18일 오시(吾時)에 반송방 거평동에 있는 외가에서 태어났다. 지난밤 아버지께서 꿈을 꾸셨는데, 흑룡이 어머니께서 거처하시는 방 반자에 서린 것을 보시고 나를 낳았으니 여자였다. 그래서 아버지는 꿈의 징조와 같지 않아 의심하였다고 한다.

할아버지께서는 외가에 와 나를 보시고는 이렇게 말씀하시며 기대하셨다.

"이 아이가 비록 여자아이지만 보통 아이와는 다르구나."

나는 태어난지 삼칠일(21일) 후 본가로 돌아왔다. 증조할머니께서 나를 보시고, "이 아이는 다른 아이와 다르니 잘 길러야 한다" 하시며 친히 유모를 가리어 보내주셨다. 그 유모가 지금의 내 아지이다.

혜경궁 홍씨(여)　　　1735 08월 06일(양)
286, 신강(56)　　　　 1735 06월 18일(음.평)

세운	대운	시주	일주	월주	연주
		편인	아신	정관	정인
		갑	병	계	을
		오	술	미	묘
		겁재	식신	상관	정인
		丙己丁	辛丁戊	丁乙己	甲乙
		제왕	묘	쇠	목욕

· 신살

공망 양인 월덕 천덕	백호 화개	공망 화개	도화

189

병술 일주 보편 특성

화끈한 성격이다. 논리적이라기보다 즉흥적이라 다소 큰일을 그르치니 신중히 행하라. 사주가 혼탁하면 침착하지 못하고 거친 성격이다. 사소한 일에 흥분하니 차분함이 필요하고 불과 같은 성격을 자제해야 명석한 두뇌가 빛을 발한다. 성격적인 불합리를 자제하지 못하면 고통과 시련을 불러올 것이며 순리를 따라야 한다. 발끈하기보다는 끈기를 가져야 하며 자신을 갈고 닦아야 한다. 신체가 커지고 살이 붙으면 가산이 늘고 왜소하면 몸이 축소하는 것만큼 재산도 준다. 몸에 흉터가 있어야 길하니 작은 상처에는 신경 쓰지 않는 것이 좋다.

병술(丙戌)은 음양오행 상으로 병(丙)은 화(火)이고 술(戌)은 토(土)에 해당한다. 그런데 병화(丙火)는 활활 타오르는 불길이자 천하를 밝히는 성분과 기질을 가지고 있음이고, 술(戌)은 화기(火氣)를 내장한 폭발성과 살기의 성분을 지녔다.

병화(丙火)는 성질이 엄청 급해서 무슨 일이든 따지지 않고 즉석에서 해결해야 그 직성이 풀린다. 그러므로 병화(丙火)는 평상시에는 호인같지만 작

190

은 일에도 불벼락같이 화를 크게 내지만 돌아서면 잊어버림이 특징이다.

병술(丙戌)의 물상은 화로(火爐)의 상(象), 가을철 태양의 상(象), 건조한 땅인 사막과 황무지의 상(象)으로 책임감이 매우 강하다. 일락서산(日落西山)으로 태양이 서산에 갇힌 상(象)이니 낙상(落傷)을 주의할 사주다.

병술(丙戌)일 출생자의 첫 번째 중심 키워드는 온화하고 매우 부지런하며 외유내강형의 성격이다. 집념이 강하고 무슨 일이든 빨리 해치워야 직성이 풀리는 편이다. 남의 일에 참견하기를 좋아하며 돈을 모으는 데는 특별한 재주가 있는 사주다. 병술(丙戌)일 출생자는 백호살이 있어 극부극처(剋夫剋妻)할 사주로 일지가 묘고(墓庫)가 되어 여자는 남자를 잃기 쉽고 남자는 처를 잃기 쉬운 사주다.

병술(丙戌)일 출생자에게 두 번째 중심 키워드는 성격인데 일반적으로 중후하고 신뢰가 있으며 활달한 언변술을 가지고 있고 의협심이 강해서 희생도 불사한다. 병술(丙戌)일생의 타고난 사주원국에 성격은 단순해서 순수해 보이는데, 축(丑), 미(未) 또는 진(辰), 미(未) 등이 있는 경우라면 성격적으로 노기(怒氣)가 있고 사려가 깊지 못하니 주의해야 한다.

병술(丙戌)일 출생자는 언변 좋고 의협심도 있으며 활발 명랑하고 희노애락의 감정표출이 선명하며 금세 화를 냈다가 풀어지는 등 감정기복이나 변덕스러운 성향이 있다. 그래서 주변의 비난을 사기도 하고 독종이라는 평을 듣기도 하는 사주다. 그리고 지장간의 음기(陰氣)는 스스로 주위의 좋은 인연을 멀리 하고 고독한 운명을 가려하는 속성을 지녔음을 암시하는 사주다.

병술(丙戌)일 출생자는 재고귀인을 가진 사주다. 즉 지지에 재성의 창고를 두어 재물을 많이 모아 부자가 되는 길신(吉神)이다. 지장간의 화개(華蓋)에 신금(辛金)의 재단(裁斷)은 미적인 감각이나 의상감각 그리고 음식솜씨가 뛰어남을 상징하는 별이다.

병술(丙戌)일 출생자는 백호살을 일주에 가지고 있는 사주다. 이 살은 해당 육친의 혈광지사(血光之死)와 한(恨)을 품고 죽음을 겪는 흉포한 살성인데, 본인이나 배우자의 신상에 횡액(橫厄)이 염려되는 사주다.

병술(丙戌)일 출생자는 천라지망을 가진 사주다. 병술(丙戌)과 임진(壬辰)이 동주입묘(同柱入墓)궁에 각각 절궁(絶宮)에 임하니 감금, 구속, 시비, 송사 등의 구설이 따를 소지가 있는 사주다. 이렇게 천라지망을 갖춘 사주는 활인

(活人)계통인 검경계, 법조계, 의약계, 역학계, 종교계 등과 연관이 깊어 진출하는 경향이 많다. 그런데 여성이 천라지망이 들면 공방수나 파혼을 당하기도 하며 자녀 궁에 흉사가 예고되는 사주다.

직업이나 경제활동과 관련하여 병술(丙戌)일 출생자 여성의 경우에는 대체적으로 교육, 의약, 간호, 미용, 의류 계통에 종사하는 경우가 많다.

병술(丙戌)일 출생자 여성의 경우에는 음기백호(淫氣白虎)하는 성분이므로 겉과 속이 다를 수 있다. 한 고집 하나 정이 많다. 그리고 남편의 덕이 약하고 자식으로 인한 고민이 있다. 하는 일에 막힘이 많음을 실감하니 기도를 하는 일이 많다.

병술(丙戌)일생의 타고난 사주원국에 진(辰)이 있거나 대운(大運)이나 연운(年運)에서 진(辰)을 만나는 시기에는 진술충(辰戌沖)이 되어 본인, 배우자, 부모형제, 자식 등에게 비극적인 일이 벌어질 수 있음을 암시해주는 징조이기 때문에 각별히 경계해야 할 필요가 있다.

십신: 정인격, 상관 30점, 식신 20점, 정인 20점, 정관 10점, 편인 10점,

　　겁재 10점

십이운성 및 신살: 묘, 목욕, 제왕, 백호살, 화개살, 도화살, 양인살, 월덕귀인,

　천덕귀인

신약 사주 조후용신: 임수

억부용신: 목, 화

　단, 이 사주는 지지에서 인오술 합화(반합), 오미 합화, 묘술 합화, 해묘미 합목(반합)을 다 고려하여 목 오행과 화 오행의 기운이 더욱 강해지는 사주라고 보아 신강 사주로 보는 견해도 있음을 참고.

박막례

유튜브 할매 박막례의 사주풀이

• 박막례의 만세력 •

시	일	월	년
식신	아신	비견	정재
갑 갑목	임 임수	임 임수	정 정화
진 진토 쇠	술 술토 관대	인 인목 병	해 해수 태
을 계 무	신 정 무	무 병 갑	무 갑 임
상관 겁재 편관	정인 정재 편관	편관 편재 식신	편관 식신 비견
편관	편관	식신	비견
요	관대	병	건록
반안살	천살	망신살	지살

양	양	양	양	양	양	음	양

목2 식상	화1 재성	토2 관성	수3 비겁

• 목: 식상 적정, • 화: 재성 고립, • 토: 관성 적정, • 금: 인성 과소, • 수: 비겁 과다

• 간지, 신살 들을 누르면 설명을 보실 수 있습니다.

백호살 현침살 귀문관살 천라지망	백호살 괴강살 과숙살 재고귀인 양착살	암록 문창성	천덕귀인

195

임술 일주 보편 특성

백호일주로 강하지만 때로 순진하다. 괴강으로 고집이 있고 자존심도 무시하지 못한다. 주체성이 강하여 타인과 불화를 빚으며 부정과 긍정 측면에서 좋은 사람은 끝까지 좋아하고 싫으면 끝까지 싫어한다. 가정과 사회생활에 염증을 쉬이 느껴 실의에 빠지며 몸에 수술과 교통사고 등이 뒤따를 때도 있다. 박학다식하니 어디에서도 두각을 나타낼 수 있으며 남의 일에 간섭하면 간혹 파란을 일으키니 피하는 것이 상책이다.

임술(壬戌)은 음양오행 상으로 임(壬)은 수(水)이고 술(戌)은 토(土)에 해당한다. 임수(壬水)는 만물을 잉태시키려는 지혜를 가짐이고, 술토(戌土)는 만물을 수장하고 갈무리 하려는 기운의 만남과 조합이 바로 임술(壬戌)이다.

임술(壬戌)의 물상은 석유와 지하수의 상(象), 객지 타향살이의 상(象), 가을의 호수의 상(象)이다. 중생을 계도하는 두터운 인정을 가졌다. 또 가을의 호수의 상(象)이니 부모형제 지간에 쓸쓸함이 있다.

임술(壬戌)일생의 첫 번째 중심 키워드는 천문(天門)이 있어 고통을 당할 수록 두뇌가 맑아지고 센스가 빨라지며 영감, 직감, 예감, 선견지명이 빠르고 꿈이 잘 맞고 타인의 마음을 잘 파악한다는 것이다. 또 타인의 간섭과 구속을 싫어하고 모든 면에 박학다식해서 어디에서도 두각을 나타낸다.

임술(壬戌)일생은 재복이 두텁고 재물 취득에 탁월해 부동산이 주렁주렁하고 거금을 희롱할 수 있는 사주이나, 남의 일에 간섭을 좋아해서 파란을 겪는 사주다. 특히 사주원국에 진(辰)이 있거나 진(辰)운이 오는 경우에는 위험해질 수 있는 사주이고, 활인(活人)해야 육친의 신액(身厄)을 면할 수 있다.

임술(壬戌)일생은 마음을 닦는 수행을 해야만 생사를 넘나드는 큰 수술과 비명횡사를 면하고 배우자를 비명에 보내지 않을 수 있음에 명심해야 한다. 특히 이별의 경험을 한 뒤에야 안정을 찾는 경향이 많은 사주이고, 여성은 이혼을 한 후에 성공하는 경우가 많은 사주다.

임술(壬戌)일생에게 두 번째 중심 키워드는 외유내강형으로 남에게 잘 베풀면서 욕심도 있어 재물 취득을 잘한다. 백호대살을 가졌음이기에 지혜 총명하고 강직성과 과격성을 갖춘 지도자격이다. 지장간에 정인이 있어서 인정이 있지만, 한편 지장간에 편관이 있어서 이기심과 독선적인 경향을 가진다. 그리고 마음에 들면 잘하지만 한번 틀어지면 증오하는 타입이다.

임술(壬戌)일생은 인정이 많고 솔직하며 호기심이 많은 성품이다. 학문과 종교에 관심을 가지고 처세에도 능하며 영감이 뛰어나서 상대방의 마음을 꿰뚫어보는 탁월한 통찰력을 가졌다. 그리고 덕을 베풀기도 잘하기에 거부가 될 수 있는 덕목도 갖추었다. 반면에 괴팍하고 이기적인 심성이 발동하면 독기를 머금고 폭력도 불사한다는 결점도 지녔다.

임술(壬戌)일생은 성격이 착하고 자비로울 뿐만 아니라 대운이 신왕(身旺)할 경우에는 복록이 풍후한 사주다. 임술(壬戌)일생은 재고귀인을 사주에 지녔음이기에 지지에 재성의 창고를 두고 있는 셈으로 재물을 많이 모아 부자가 된다는 길신을 지닌 사주다. 한없는 욕심에 원 없이 재물을 희롱해 볼 수 있는 사주다.

임술(壬戌)일생은 가치관이 일반인과 다소 다르고 타인들에게 두드러져 보이려고 뽐내는 기질을 지녔다. 그런데 종종 속단해 실행한 일로 인해서 뒤늦게 후회하는 스타일이다. 임술(壬戌)일생처럼 백호살이 일주에 있을 경우에는 괴강처럼 성정이 강하고 과격성을 드러내도 남들의 부러움을 사는 기이(奇異)한 발복을 하기도 한다. 지혜 총명, 지도자격, 강직성, 과격성을 지니고 인정이 많지만 이기심과 독선적인 경향이 있다. 상대가 마음에 들면 잘하지만 한번 틀어지면 증오가 심각한 사주다.

직업이나 경제활동과 관련하여 임술(壬戌)일생의 경우에는 대체적으로 재정, 은행, 교육, 의사, 인기직종 등에 진출하여 입신하면 대성할 수 있는 사주다. 그리고 수행으로 마음을 잘 닦으면 군인, 법관, 경찰, 특수기술직, 운동선수, 종교인으로도 크게 명성을 얻을 수 있는 장점을 가진 사주다.

임술(壬戌)일생의 여성은 퇴신(退神)을 가졌음이기에 자신을 내세우고 뽐내려는 성분이 있고 밝은 기질의 소유자다. 가정의 주도권을 잡아야 직성이 풀리고 주장이 강한 편인데, 남편이 권력계통에 있어야 길하고 그렇지 않으면 과부가 되거나 남편의 무능으로 신음하며 신세타령을 할 수밖에 없는데 이혼한 후 성공하는 경우 많은 사주다.

임임 병존

십신: 신신격, 식신 40점, 편관 30점, 비견 20점, 정재 10점

십이운성 및 신살: 묘, 망신살, 천살, 지살, 반안살, 백호살, 괴강살, 과숙살, 재고

귀인, 양착살, 암록, 문창성, 천덕귀인, 현침살, 귀문관살, 천라지망

신약 사주

조후용신: 경금

억부용신: 금, 수